Wagner-Opernführer

von Erich Rappl

Gustav Bosse Verlag, Kassel

© Copyright 1967 by Gustav Bosse GmbH & Co. KG.,
Kassel — Printed in Germany
ISBN 3-7649-2501-9
ISMN M-2011-2501-5
6. Auflage, 1995
Druck: Loibl Druck + Gestaltung, 86633 Neuburg a. d. Donau

Inhalt

Vorwort

Der fliegende Holländer 7

Tannhäuser 23

Lohengrin 37

Der Ring des Nibelungen 51
    Rheingold . . . . Inhalt 53 Musik 80
    Walküre . . . .   Inhalt 60 Musik 90
    Siegfried . . . . Inhalt 66 Musik 100
    Götterdämmerung . Inhalt 72 Musik 111

Tristan und Isolde 124

Die Meistersinger von Nürnberg 144

Parsifal 164

Vorwort

Dieses Buch basiert auf dem Inhalt meiner Bayreuther Einführungsvorträge, die seit 1953 für viele Festspielbesucher zum Morgenprogramm ihrer Wagner-Klausur gehören. Dem Wunsch meiner Hörer nach einem Konzept wurde mit dieser Drucklegung entsprochen.
Der vom Verlag vorgeschlagene Titel „Wagner-Opernführer" entspricht der Zielrichtung dieser Arbeit. Sie will dem interessierten Theaterbesucher helfen, sich mit dem Ideengehalt der Wagnerschen Musikdramen vertraut zu machen, und ihm fachlich fundierte, aber auch allgemein verständliche Erläuterungen über den musikalischen Aufbau dieser Werke anbieten. Damit soll eine Lücke geschlossen werden zwischen der meist mit komplizierten und dem Laien nicht ohne weiteres zugänglichen Detailfragen befaßten wissenschaftlichen Wagner-Literatur und populären Einführungen früherer Zeiten, die den Ansprüchen einer modernen Werkbetrachtung nicht mehr gerecht werden.
Die Inhaltsdeutung der einzelnen Werke habe ich bewußt durch neue Perspektiven bereichert, die einige herausragende Inszenierungen seit der Wiederaufnahme der Festspiele in Bayreuth 1951 vorgestellt haben. Sie betreffen insbesondere den „Ring der Nibelungen". Nach Wieland und Wolfgang Wagners symbolistischen und tiefenpsychologischen Deutungen in den 50er und 60er Jahren war es der französische Patrice Chéreau, der mit seiner anfänglich heftig umstrittenen und befehdeten Inszenierung des „Jahrhundert-Rings" von 1976 der realen Psychologie eine aufwühlende Chance gegeben hat. Seine Deutung machte beispielsweise u. a. schlüssig bewußt, daß es nicht der von Wagner zum „neuen Menschen" hochgelobte Abenteurer Siegfried sein kann, der die Welt vom Fluch des Goldes befreit, sondern die von Siegfried grausam betrogene, durch tiefstes Leid wissend gewordene Brünnhilde: die wagnersche Verkörperung des goetheschen „Ewigweiblichen".

Es erscheint mir wichtig, daß sich die Wagnerrezeption des Publikums in unserer Zeit solchen Deutungen öffnet. Denn erst dadurch wird der immense Assoziationsreichtum dieser Kunst und deren Begabung zu vielschichtiger Aktualität erschlossen. Möge dieses Buch in seiner 6. Auflage die Toleranz für solche Einsichten fördern.

Bayreuth im September 1995 Erich Rappl

Der fliegende Holländer

PERSONEN: D a l a n d , ein norwegischer Seefahrer: Baß (gr. P.); S e n t a , seine Tochter: Sopran (gr. P.); E r i k , ein Jäger: Tenor (m. P.); M a r y , Sentas Amme: Mezzosopran (kl. P.); d e r S t e u e r m a n n D a l a n d s : Tenor (kl. P.); der H o l l ä n d e r : Bariton (gr. P.). C h ö r e : Matrosen des Norwegers und des Holländers; Mädchen.

ORCHESTERBESETZUNG: 1. und 2. Violinen, Bratschen, Celli, Kontrabässe; 2 große Flöten, 1 kleine Flöte, 2 Oboen, 2 Klarinetten, 2 Fagotte, 4 Hörner, 2 Trompeten, 3 Posaunen, 1 Baßtuba, 1 Paar Pauken, Tamtam, 1 Harfe. Bühnenmusik.

Komponiert 1841

Uraufführung am 2. Januar 1843 in Dresden

Mit der romantischen Oper „Der Fliegende Holländer" schwenkt die schöpferische Individualität des jungen Richard Wagner konsequent in die Richtung ein, die das noch ferne Ziel deutlich erkennen läßt: das Musikdrama. Die Knospe einer neuen Kunstgattung durchstößt hier die konventionelle Umhüllung. Der Knospencharakter ist es denn auch, der diesem Werk den Reiz einer geradezu elementaren Spontaneität verleiht.

Wirft man einen vergleichenden Blick auf die dem „Holländer" vorangegangenen drei Erstlingsopern Wagners, in denen er sich mit den Opernstilen seiner Gegenwart auseinandergesetzt hatte — mit der romantischen deutschen Oper („Die Feen", 1834), der belkantistisch-buffonesken Oper Italiens („Das Liebesverbot", 1836) und der französischen großen Oper („Rienzi", 1840) — so begreift man, wie sehr die Stoffwahl zu der entscheidenden Vorwärtswendung im „Holländer" beigetragen haben dürfte. Bisher war es in erster Linie die theatralische Ergiebigkeit effektvoller Stoffe, die Wagner zur Dramatisierung gereizt hatte: ein Märchen von Gozzi, das tragikomische Shakespeare-Lustspiel „Maß für Maß", Bulwers historischer Roman „Cola Rienzi". In der Holländer-Sage hingegen stieß er auf sich selber, auf das Grundproblem seines schöpferischen Daseins! Diese Oper ist, wie alles Folgende, Bekenntniswerk, empfangen im unmittelbaren persönlichen Erleben, geboren aus einer starken Grundstimmung.

Wagner lernte die Sage bei der Lektüre von Heinrich Heines „Memoiren des Herrn von Schnabelewopski" kennen. Dieser muntere Weltreisende erzählt sie in Form eines Theaterstücks, das er in Amsterdam gesehen haben will. Die wesentlichen Handlungsmomente der Wagnerschen Oper — mit Ausnahme der Gestalt des Jägerburschen Erik, die Wagner hinzuerfunden hat — sind in diesem Kapitel bereits vorweggenommen: ein (bei Heine) schottischer Kauffahrer trifft den seiner endlosen Seefahrt überdrüssigen Holländer, empfängt von diesem reiche Schätze „zu spottwohlfeilem Preise" und nimmt ihn als zukünftigen Bräutigam seiner schönen Tochter mit nach Hause. Ahnungsvoll vergleicht dieses Mädchen den ihr bestimmten Fremdling mit einem an der Wand hängenden Seemannsbild. Der Holländer versucht zwar, ihr diese Ähnlichkeit auszureden, berichtet aber dennoch von seinen Leiden, und sie schwört ihm ewige Treue. In einer letzten Szene bekennt dann der Holländer sein grauenhaftes Schicksal und flieht aufs Meer hinaus, um seine Frau nicht mit in sein Verderben zu ziehen. Sie aber springt ihm nach ins Meer und das Gespensterschiff versinkt.

Der heiter-ironische Plauderton dieser Erzählung läßt den Ernst der Sage weitgehend unberührt, weidet sich vielmehr vergnüglich am Grotesken der Holländer-Erscheinung. Eine ganz andere Bedeutung bekommt sie in der Wagnerschen Fassung: hier waltet ein furchtbarer Ernst, hier erfährt die Gestalt des um Erlösung flehenden Verfluchten eine Überhöhung ins

Allgemeingültige, der nichts Zufälliges und schon gar nichts Groteskes mehr anhaftet.
Das für die Entstehung dieses Werks entscheidende Erlebnis hatte Richard Wagner, als er 1839 seine Stellung als Musikdirektor des Theaters in Riga verlor und, auf der Flucht vor seinen Schulden, zusammen mit seiner Frau eine abenteuerliche Seefahrt antrat, die ihn von Mitau in Ostpreußen nach London bringen sollte, von wo aus er weiter nach Paris gelangen wollte. Im Skagerrak geriet das kleine Handelsschiff in furchtbare Stürme, die es schließlich zwangen, an der südnorwegischen Küste notzuankern. Hier war es, wo sich für Wagner die Erinnerung an die Holländersage zur unmittelbaren Anschauung verdichtete. Die durchstandene Todesangst, das romantisch-weltschmerzliche Gefühl der Fried- und Heimatlosigkeit auf dieser Fahrt in die Fremde und in ein ungewisses Schicksal traten als Grundstimmung hinzu und nahmen in seiner schöpferischen Phantasie bereits tönende Gestalt an.
Zwei Jahre später, 1841 in Paris, entstand die gesamte Oper innerhalb von rund acht Monaten.
Nicht unwesentlich für eine Betrachtung dieses Werks ist Wagners autobiographisches Bekenntnis: „Vom Holländer an beginnt meine Laufbahn als Dichter, mit der ich die eines Verfertigers von Operntexten verließ." Wie läßt sich diese Feststellung begründen?
Zweifellos enthält das Textbuch zum „Holländer" (wie auch das zum „Tannhäuser" und zum „Lohengrin") noch eine Menge von Reimen, die auch der Feder eines geschickten damaligen Librettisten entstammen könnten: der Spinnerinnen-Chor, die Chöre der Daland-Matrosen, die Rezitative und Arien des Daland u. a. können textlich kaum dichterischen Rang für sich beanspruchen. Das bewegende dichterische Moment im „Holländer" ist anderswo zu suchen: es offenbart sich im Aufbau des zweiten Aktes und seiner faszinierenden dramatisch-psychologischen Konstellation. Der Gegensatz von Konventionell-Librettomäßigem und dichterischem Aufschwung ins Hochpsychologische wird hier geradezu zum Stilmittel erhoben.

Dieser zweite Akt beginnt in einem ganz herkömmlichen Sinn opernhaft: Ein Chor fleißiger Spinnerinnen trällert ein munteres Liedchen, das dem schnurrenden Spinnrad gewidmet ist und dem Gedenken des die Meere befahrenden Schatzes. Aber eine von ihnen spinnt und singt nicht mit. In schwärmerischer Versunkenheit betrachtet sie das an der Wand hängende Bild des Fliegenden Holländers. Sie kennt sein Sagenschicksal aus der im Vaterhaus offenbar oft gesungenen Ballade. Doch anders als ihre Freundinnen fühlt sie sich von dieser Erzählung schmerzlich angesprochen, ja zu einem mitleidsvollen Opfer herausgefordert. Sie findet das Spinnlied „dumm", möchte etwas „Besseres" hören und erklärt sich schließlich bereit, selber diese Ballade zu singen, um den Mädchen damit ans Herz zu rühren.

In dieser Ballade wird geschildert, wie ein holländischer Seefahrer einst ein Kap umsegeln wollte und in trotziger Auflehnung schwur, „in Ewigkeit" nicht abzulassen. Der Satan hat ihn beim Wort genommen. Als ein Verfluchter muß er ewig übers Meer fahren, ohne der Gnade des Todes teilhaftig zu werden. Nur eine Heilsbedingung gibt es für ihn: alle sieben Jahre wirft ihn das Meer ans Land, hat er die Chance zu werben und zu freien. Findet er jemals ein Weib, das ihm Treue hält, kann er Erlösung finden.

Der Vortrag dieser drei Balladenstrophen ergreift Senta so sehr, daß sie den letzten Refrain („Ach, wo weilt sie, die dir Gottes Engel einst könnte zeigen") nicht mehr zu singen imstande ist. Dann aber springt sie plötzlich in ekstatischer Begeisterung auf: „Ich sei's, die dich durch ihre Treu' erlöse!"

Dieser jähe Einbruch des Dämonischen und des Entsetzens, das er hinterläßt, wird augenblicklich wieder verdrängt durch die Freudennachricht, daß das Schiff des Vaters (Dalands) soeben im Begriff sei, anzulegen. Vergessen ist für die Mädchen das Schicksal des Holländers. In einer Chorszene von buffonesker Turbulenz drängen sie hinaus, um die Heimkehrer zu empfangen. Senta aber wird von dem Jäger Erik (dieser von Wagner hinzuerfundenen Gestalt) zurückgehalten. Dieser gesunde, kräftige

Bursche liebt das Mädchen leidenschaftlich und drängt ungestüm auf eine Heirat, der jedoch nicht nur der Geiz des Vaters entgegensteht, sondern auch das scheue Ausweichen Sentas. Sie gibt sich kindlich unwissend in dieser Szene („Du zweifelst, ob ich gut dir bin?" — „Ich bin ein Kind und weiß nicht, was ich singe..."). Aber Erik kennt das Gespenst, das sein Liebesglück bedroht: in ohnmächtigem Zorn wütet er gegen „das Bild" und „die Ballade", gegen das verhaßte Phantom, dem Sentas schwärmerisches Mitgefühl gehört. Mit seiner Traum-Erzählung durchbricht er selber die opernhafte Konvention, der er mit seinem belkantistischen Schmachten angehört.

Senta hört diese Erzählung „wie in magnetischen Schlaf versunken, so daß es scheint, als träume sie den von ihm erzählten Traum ebenfalls". Unmittelbar erlebt sie, was Erik träumend geschaut hat: die Ankunft zweier Schiffe, zweier Männer, die das Land betreten, von denen der eine der Vater ist, der andere aber der verhaßte „bleiche Seemann", dem sie zu Füßen stürzt, der sie aufhebt und den sie „in wilder Lust" küßt. Und abermals erleben wir den Einbruch des Dämonischen, wenn Senta nun wie eine Wahnsinnige aus dem Traum auffährt: „Er sucht mich auf! Ich muß ihn sehn! Mit ihm muß ich zugrunde gehn!" Entsetzt stürzt Erik davon. Noch einmal träumt Senta, dieses mit so viel überhitzter Phantasie begabte Mädchen, diese erste Hysterikerin des Musiktheaters, vor dem Holländerbild den Traum ihres Opfers. Da kehrt sie sich um — und der Holländer, das Phantom ihrer Träume, steht leibhaftig vor ihr und fordert ihr dieses höchste Opfer ab: die Treue bis in den Tod. Und glaubhaft vollzieht sich in einer einzigen Szene die Wandlung von der kindlichen Schwärmerin zum Weib, das dem unglücklichen Mann im vollen Bewußtsein von der Größe und der erlösenden Macht ihrer Hingabe den Frieden verheißt.

Nur ein großer dramatischer Dichter konnte einen solchen Akt bauen. Man wird Thomas Mann beistimmen, wenn er über den „Holländer" schreibt: „Wie geht das Dichterische bei Wagner von Anfang an über das Librettomäßige hinaus — und zwar weniger im Sprachlichen als im Psychologischen. ‚Die düstre

Glut, die hier ich fühle brennen, sollt' ich Unseliger sie Liebe nennen? Ach nein, die Sehnsucht ist es nach dem Heil. Würd' es durch solchen Engel mir zuteil!' — Das sind sangbare Verse, aber nie war etwas so Kompliziertes, seelisch so Verschlungenes vordem für den Gesang bestimmt worden! Welche Verschränkung des Doppelten, welcher Blick in die seelischen Tiefen eines Gefühls! Es ist Analyse — und dieses Wort drängt sich einem in einem noch moderneren, kühneren Sinn auf, wenn man das frühlingshaft keimende und hervorsprießende Liebesleben des Knaben Siegfried betrachtet, wie Wagner es im Wort und mit Hilfe der untermalenden Musik lebendig macht." (Th. Mann in „Leiden und Größe Richard Wagners").

Im Verhältnis zu diesem inhaltlich und dramatisch so außerordentlich gewichtigen zweiten Akt haben der erste und der dritte Akt eigentlich nur den Charakter eines Vor- und Nachspiels. Im ersten Akt wird die Begegnung der beiden Welten des Dramas vorgeführt: des realen Dalandschiffes mit dem Gespensterschiff des Fliegenden Holländers, sowie das Gespräch der beiden Kapitäne, das dazu führt, daß der Holländer eingeladen wird, Daland als zukünftiger Eidam zu folgen. Im letzten Akt aber werden die beiden Kontraste — hier lebensvoll pralle Diesseitigkeit, dort gespenstische Irrealität — noch einmal großflächig gegeneinandergestellt in Gestalt der sehr effektvollen Chorszenen. Bedeutungsvoll für das Verständnis des Innendramas erscheint indes die Schlußszene, in der Wagner, wie in so vielem, dem Vorbild der Heineschen Schilderung folgt: der Holländer flieht aufs Meer hinaus, nicht nur, weil er das erregte Gespräch zwischen Senta und Erik belauscht hat, in dem dieser behauptet, sie habe auch ihm „ewige Treue" geschworen, sondern noch weit mehr deshalb, weil er Senta nicht mit in sein Verderben reißen will. Obwohl Wagner dieses wichtige Handlungsmotiv nur andeutet, wird sein Sinn doch offenbar: dadurch, daß der Holländer auf einmal bereit ist, seiner Erlöserin das eigene Heil zu opfern, durchbricht er selber den auf ihm lastenden Fluch der Egozentrik und wird so erst vollends der Erlösung würdig.

Im Hinblick auf Wagners späteres Schaffen ist schließlich noch eine weitere Feststellung von Bedeutung: Der „Holländer" stellt, historisch gesehen, auch insofern eine Novität dar, als hier erstmals eine vollkommene symbolhafte Einheit von Handlung, Bühnenbild und Musik erzielt wird. Meer und Land, Endlosigkeit und Endlichkeit, Mann und Weib, Erlösungssehnsucht und erlösende Liebe — das alles ist zugleich Bild, Gestalt und Klang. Senta und der Holländer ragen als ideentragende Gestalten riesengroß aus dem Kreis der anderen Handlungsträger heraus, die noch weitgehend Profile der Opernkonvention tragen (Daland, Mary, Erik, die Spinnerinnen und die Norweger-Matrosen). Mit der mythischen Überhöhung dieser beiden Hauptgestalten aber sind auch die Grundtypen jenes Lebenskonflikts geschaffen, der Wagners gesamtes Schaffen durchzieht: das Ich, der frevlerische Wille zur Macht, die verkörperte Auflehnung gegen das Naturgesetz, und das weibliche grenzenlos liebende Du, das, gleichsam als Sendbotin der großen Mutter, die Verirrten und Verdammten heimholt in den Frieden der mütterlichen Nacht. Doch treten uns diese beiden Prinzipien nicht nur in der Verkörperung zweier Bühnengestalten sichtbar entgegen: sie tönen auch aus dem Orchester heraus als die beiden, die gesamte Oper durchziehenden Hauptthemen der Holländer-Musik.

Wenn wir diese letzte Bemerkung zum Ausgangspunkt einer musikalischen Betrachtung des „Fliegenden Holländers" nehmen, so ist die diesem Werk gegebene Bezeichnung „Oper" eigentlich schon in Frage gestellt. Denn „Oper" im herkömmlichen Sinn bedeutet „Nummernoper", bedeutet eine Aneinanderreihung von in sich geschlossenen Gesangsstücken, die lose durch Rezitative miteinander verbunden sind, deren Melodien jeweils ganz für sich bestehen und (mit geringfügigen Ausnahmen) nicht wiederholt oder gar verändert und „durchgeführt" werden. Die Nummernoper ist demnach eine durch die dramatische Handlung zur Werkeinheit verbundene Vielheit von Melodien.

Ein ganz anderes Prinzip hingegen waltet in der Symphonik,

wie sie Wagner bei Beethoven kennengelernt hatte: Hier, in der Form des klassischen Sonatensatzes, wird eine musikalische Vielheit aus der Einheit zweier miteinander kontrastierender Themen bzw. Motive gewonnen. Die Komposition einer Oper, deren hauptsächliches melodisches Material aus nur zwei Grundthemen entwickelt wird, bedeutet somit die Übertragung des symphonischen Prinzips auf diese Kunstform, die, in ihren Voraussetzungen so grundlegend verändert, später die Bezeichnung „Musikdrama" erhalten sollte. Dies aber ist bereits beim „Holländer" der Fall.

Das Kernstück der Holländer-Musik ist die Ballade der Senta, die Wagner auch als erstes komponiert hat. Hier werden die beiden Hauptgedanken auf- und nebeneinandergestellt, das Holländer-Motiv:

und das Erlösungs-Thema:

Im Gegensatz zu diesem Erlösungs-Thema, das eine geschlossene Form darstellt und als fertige *Melodie* an einen Text gebunden ist, weshalb man es auch als „Erinnerungsmelodie" bezeichnen darf, bildet das Holländer-*Motiv* nur einen Baustein der symphonischen Arbeit. Es besitzt die Fähigkeit zur Evolution und wird mehrfach variiert. Einer solchen Variante begegnen wir sogleich in der Orchestereinleitung der Ballade; sie wird gleichsam zum Tonbild einer aufschäumenden Welle:

In der Balladen-Melodie zum Text „Traft ihr das Schiff im Meere an" hingegen erscheint das Holländer-Motiv in einer Art Umkehrung:

Nun ist die Haupttonart des Fliegenden Holländers nicht, wie in der Ballade, g-moll, sondern d-moll (so in der Ouvertüre). Das ist nicht unwichtig, denn die hohle Quinte, die dieses Holländer-Motiv charakterisiert, weist in d-moll auffallende Parallelen zu den d-moll-Quintklängen des ersten Satzes von Beethovens 9. Symphonie auf, die Wagner schon als Kind als das Non plus ultra alles Gespenstischen empfunden hat. Die leere Quinte, die dadurch, daß ihr die Terz fehlt, eine Entscheidung für den Dur- oder Molldreiklang offenläßt, wird somit im „Holländer" zum Symbol einer gespenstischen Leere, die sich erst am Schluß des Werkes füllt (der Schluß der Ouvertüre ist damit identisch), wenn das Holländer-Motiv apotheotisch in D-dur aufstrahlt.

Noch ein weiterer wichtiger Hauptgedanke wird in der Ballade aus der Evolution des Holländer-Motivs entwickelt. An der Stelle „Hui! Wie saust der Wind! Johohe!" wird das „Johohe"-Motiv,

das nicht nur in dieser Form, als Oktav, sondern auch als

Quintmotiv erscheint (besonders in der Ouvertüre!) —

— und sich dadurch deutlich als eine Variante des Holländer-Motivs ausweist, von einer auf- und abschäumenden chromatischen Tonleiter der Streicher untermalt:

Sie ist das denkbar einfachste Klangbild der Welle und zunächst nichts anderes als naturalistische Tonmalerei. In einem tieferen, ideelleren Sinn aber wird dieses in mannigfachen Varianten immer wiederkehrende Bild der Welle ebenfalls zu einem Hauptsymbol der Holländer-Musik, nämlich eben des Holländer-Schicksals. Von der „aufschäumenden Welle", als einer Variante des Holländer-Motivs wurde (s. o. Beispiel 3) schon gesprochen. Ihr Gegenstück ist die auf Ketten von aneinandergereihten verminderten Dreiklängen nach unten jagende chromatische Linie (gewissermaßen Holländers Höllenfahrt), die Senta zu den Worten „Wie ein Pfeil fliegt er hin, ohne Ziel, ohne Rast, ohne Ruh'!" intoniert:

Es ist übrigens auffallend, daß das Erlösungs-Thema (Beispiel 2) mit seiner ausdrucksvollen absteigenden und dann wieder aufsteigenden Melodik den Gegenbogen zu diesem Auf und Ab des Wellenbildes darstellt!
Dieses in der Ballade aufgestellte thematische Material durchzieht als symphonisches Geflecht die gesamte Oper und gibt vielen ihrer Partien — genauer gesagt: all denen, die vom

Holländer-Schicksal handeln und von seinem Element, Sturm und Meer — einen ausgesprochen musikdramatischen Charakter. Im Gegensatz dazu begegnen wir einer konventionellen, opernhaften und für sich bestehenden Melodik überall dort, wo die Ebene des Mythischen und Seelisch-Hintergründigen verlassen wird, wo reale, konventionelle Situationen geschildert werden — vor allem eben in der Welt Dalands.

Symphonisch — nämlich wie der erste Satz einer Symphonie — ist die Ouvertüre gebaut. Ihre beiden Hauptgedanken sind das Holländer-Motiv und das Erlösungs-Thema. Beide werden in einer Exposition aufgestellt, erleben dann eine stürmische Durchführung, und den Schlußteil bildet die D-dur-Apotheose des Holländer-Motivs, der Wagner in einer zumeist gespielten späteren Fassung (1860) noch einmal verklärend das Erlösungs-Thema folgen läßt.

In dem großartigen Natur- und Seelengemälde dieser Ouvertüre erscheinen außerdem zwei weitere musikalische Gedanken, die für das gesamte Werk Bedeutung erlangen. Das eine ist ein Sekundmotiv, das sich in der Exposition an das Erlösungs-Thema anschließt und dessen neunmalige Wiederholung eine monotone, einschläfernde Wirkung hat:

9

Es bedeutet gewissermaßen die auf das kleinste Intervall reduzierte Welle, die das vor Anker gegangene Dalandschiff sanft wiegt (tatsächlich schläft ja später der Steuermann mit diesem „Motiv des kleinen Wellenschlags" ein!). Darüber hinaus aber erscheint dieses Sekundmotiv in allen Seemanns-Chören der Daland-Matrosen wieder: in der Introduktion ebenso wie im Schlußchor des ersten Aktes und im Steuermanns-Chor des dritten Aktes. Eine besonders feinsinnige symphonische Weiterentwicklung erfährt es im Vorspiel zum zweiten Akt: Dieses Vorspiel ist, ebenso wie das zum dritten Akt, so gebaut, daß die Akte pausenlos ineinander übergehen können; es hat also den

Charakter eines überleitenden Zwischenspiels und knüpft deshalb thematisch direkt an den Schlußchor des ersten Aktes (Steuermanns-Lied) an. Nach einer stürmischen Durchführung der dazugehörigen Motivik kommt die Bewegung mit diesem Sekundmotiv zum Stillstand; die Stimmung verändert sich zusehends und nach einer weiträumigen Modulation von B-dur hinüber nach E-dur erscheint dieses Sekundmotiv auf einmal als das Kopfmotiv der Melodie des Spinnerinnen-Chors „Summ und brumm, du gutes Rädchen":

Der andere neue Gedanke, der in der Ouvertüre aufklingt, ist die herzhafte Melodie des Steuermanns-Chors aus dem dritten Akt,

die hier aus den Sturmwogen der Durchführung auftaucht, einen Schimmer von behaglich-verschmitzter Fröhlichkeit auf das düstere Klangbild wirft und alsbald wieder davongespült wird. Daß übrigens das Kopfmotiv dieses Steuermanns-Chors als Inbegriff einer fröhlichen Diesseitigkeit mit dem des Erlösungs-Themas identisch ist, muß ebenso erwähnt werden wie der Umstand, daß Wagner dieses Kopfmotiv in der Chor-Introduktion des ersten Aktes bereits mehrfach als Ruf der Seeleute aufklingen läßt:

Die Wellen-Motivik in ihren verschiedenen Erscheinungsformen bestimmt das gesamte musikalische Geschehen dieses ersten Aktes, besonders fein in dem tonmalerischen Vorspiel zum Steuermanns-Lied, wo bereits, gleichsam wie eine Schaukelbewegung des Schiffs, die Melodie des Seemanns-Tanzes aus dem dritten Akt vorweggenommen wird:

Auch die Melodie dieses Liedchens selber hebt an wie eine große Welle, mündet dann aber, anstatt zurückzufluten, in ein fromm-verliebtes Gedenken: „Mein Mädel, bin dir nah!"

So wird hier der dämonische Sinn der Welle charakteristisch ins Gemütvolle abgewandelt. Im Refrain wird dann eine kraftvoll aufgespannte Oktave zum Ausgangspunkt einer lebensfrohen, frischen Melodik:

In welch frappantem Gegensatz steht diese Oktave des Steuermanns zu der umgekehrten, die auf dem Höhepunkt der folgenden Holländer-Arie zum Ausdruck der äußersten Verzweiflung wird:

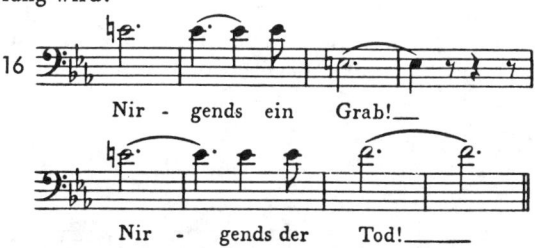

Das Klangbild der Welle bestimmt auch das gesamte musikalische Geschehen der symphonisch gebauten Holländer-Arie. Auch die selbständigen melodischen Abschnitte darin — „Dich frage ich, gepriesner Engel Gottes" und „Nur eine Hoffnung soll mir bleiben, nur eine unerschüttert stehn" — unterstehen melodisch wie dynamisch dem Gesetz der Welle.

Eine letzte Variante des Wellenbildes findet sich endlich im zweiten Akt, in der düsteren Einleitung zur Traum-Erzählung des Erik —

— und in der auf- und abwogenden Melodik, die seine Schilderung begleitet.

Daß im übrigen das Erlösungs-Thema und zumal das Holländer-Motiv ungezählte Male „erinnernd" in den einzelnen Partien, in den Rezitativen und zwischen den Formen auftaucht, bedarf nach all dem Gesagten kaum mehr der Erwähnung. Beide Hauptgedanken werden für Wagner immer wieder zum Mittel, die auseinanderstrebende Vielheit der Oper auf die einheitliche symphonische Grundidee zurückzuführen. So besonders auch in dem großen Duett zwischen dem Holländer und der Senta im zweiten Akt, das mit seinen selbständigen Melodien, die hier aneinandergereiht werden, noch stark der Oper verhaftet ist, wenn auch die verwandtschaftliche Beziehung einzelner Teile davon zu den Hauptthemen kaum geleugnet werden kann. Beispielsweise läßt sich das erhabene Quintmotiv, das Sentas Gesang — „Versank ich jetzt in wunderbares Träumen" — begleitet, ohne weiteres als eine Umformung des Holländer-Motivs ins Erlöste, Ruhevolle deuten:

oder die Hochzeits-Melodie

als eine Variante der Erlösungs-Melodie.

Bemerkenswert ist die Aufwertung, die das Rezitativ bereits in diesem Werk erfährt. Der motivische Unterbau gibt ihm so viel musikalisches Gewicht und gedankliche Aussage, daß es nahezu schon gleichberechtigt neben die geschlossenen Formen tritt, ja diese bereits aufzuweichen beginnt. So ist beispielsweise die Schlußszene, in der sich der Holländer zu erkennen gibt („Erfahre das Geschick, vor dem ich dich bewahre") von Wagner selber noch als Rezitativ bezeichnet. Tatsächlich aber steht sie dem musikdramatischen Sprechgesang der späteren Werke schon viel näher als dem alten Rezitativ: denn die Deklamation wird vom Orchester nicht nur begleitet und untermalt, sondern auch bereits auf ihren ideellen Sinn hin ausgedeutet. Das unisone chromatische Motiv, das fatalistisch nach unten strebt,

ist ein Klangsymbol des Untergangs, der Selbstvernichtung, ist die letzte konsequente Ausformung der chromatischen Linie, der wir schon in Beispiel 8 begegnet sind.

Nun bildet diese symphonisch konzipierte, die naturalistische Tonmalerei mit ideeller Symbolik durchtränkende fortschrittliche Kompositionsweise, wie gesagt, nur den einen Pol der Holländer-Musik. Der andere hält sich noch durchaus in der von geschlossenen melodischen Formen bestimmten Opernkonvention. Und zwar mit vollkommener Logik und Konsequenz: die Welt des Fliegenden Holländers, ihre für die Oper der damaligen Zeit völlig neue psychologische Tiefendimension, steht und fällt mit dieser gleichfalls völlig neuartigen musikalischen Durchdringung ihres Inhalts. Die Welt des Daland, des Erik, der Mary, der Spinnerinnen und der Norwegermatrosen aber steht noch auf dem realen Boden der Opernkonvention. Auch als Typen und zumal als Stimmtypen gehören ihr diese Gestalten noch vollkommen an. Daland ist der Baßbuffo der alten Oper, vergleichbar etwa dem Rocco im „Fidelio"; Erik ist der typische jugendliche Liebhaber der alten Oper, vergleichbar dem Max im „Freischütz". Und genau in diesem Sinn sind beide Partien auch von dem Komponisten Wagner gestaltet. Das Duett Daland-Holländer im ersten Akt („Wie, hör' ich recht, meine Tochter sein Weib?") hat mit seiner ungewichtigen Akkordbegleitung im Sechsachteltakt sogar ausgesprochen italienisches Gepräge, nicht minder die gefühlvoll schmachtende Melodik von Eriks zweistrophigem Liebeslied im Duett mit der Senta („Mein Herz voll Treue bis zum Sterben"), und ebenso die seiner Cavatine im dritten Akt („Willst jenes Tags du dich nicht mehr entsinnen?").

Das genialste Stück innerhalb dieser herkömmlichen Stilwelt ist Dalands große Arie im zweiten Akt: „Willst du, mein Kind, den fremden Mann willkommen heißen?" Mit seiner glänzenden Hauptmelodie —

— die den Fortgang der Handlung spannungsvoll komisch retardiert, bildet es einen reizvollen Stilkontrast zu dem folgenden Duett zwischen dem Holländer und der Senta. Man denke: der friedlose Verfluchte und seine Erlöserin stehen sich endlich gegenüber — da schiebt sich, quasi als profaner Heiratsvermittler, die Dickens-Gestalt dieses alten Seebären dazwischen, preist mit einer Arie, deren Komik darin besteht, daß sie zu keinem Ende kommen will, die Vorzüge der Tochter und den Reichtum des Eidams und merkt erst reichlich spät, daß er hier völlig fehl am Platze ist.

Welch brillanter dramaturgischer Einfall, hier, in der Mitte des Werks, vor der entscheidenden Szene der Erfüllung, die beiden Stile gegeneinanderzustellen, die dem „Fliegenden Holländer" in ihrem Nebeneinander ebenso wie in ihrer gegenseitigen Durchdringung den unnachahmlichen Reiz einer aufbrechenden Knospe verleihen!

Tannhäuser

PERSONEN: *Hermann*, Landgraf von Thüringen: Baß (m. P.); *Tannhäuser:* Tenor (gr. P.); *Wolfram von Eschenbach:* Bariton (gr. P.); *Walther von der Vogelweide:* Tenor (kl. P.); *Biterolf:* Baß (kl. P.); *Heinrich der Schreiber:* Tenor (kl. P.); *Reinmar von Zweter:* Baß (kl. P.); *Elisabeth*, Nichte des Landgrafen: Sopran (gr. P.); *Venus:* Sopran (m. P.); *ein junger Hirt:* Sopran (kl. P.); *vier Edelknaben:* Sopran und Alt (kl. Pn.). *Chöre:* Ritter und Edelfrauen, Pilger, Sirenen.

ORCHESTERBESETZUNG: 1. und 2. Violinen, Bratschen, Celli, Kontrabässe, 3 große Flöten (die dritte wechselt mit kleiner Flöte), 2 Oboen, 2 Klarinetten, 1 Baßklarinette, 2 Fagotte, 4 Hörner, 3 Trompeten, 3 Posaunen, 1 Baßtuba, 1 Paar Pauken, Triangel, 1 Paar Becken, Tamburin, Kastagnetten, 1 große Trommel, 1 Harfe. Bühnenmusik.

Komponiert 1843—45
Uraufführung am 19. Oktober 1845 in Dresden

Aus den letzten Lebenstagen Richard Wagners stammt der vielzitierte Ausspruch, er sei der Welt noch den „Tannhäuser" schuldig. Zeitlebens hat er diesem, seinem Schmerzenskind, das 1845 in Dresden unter seiner Direktion uraufgeführt wurde, Änderungen angedeihen lassen — die einschneidendste 1861, anläßlich der Pariser Erstaufführung, die sich zu einem der größten Theaterskandale gestalten sollte. Wir unterscheiden heute im wesentlichen vier verschiedene Tannhäuser-Fassungen, von denen offensichtlich keine den Stempel der Vollendung trägt, die Wagner erträumte.

Das ist merkwürdig genug. Denn es gehört durchaus nicht zu den spezifischen Eigenschaften von Wagners schöpferischer Arbeit, daß er mit seinen Stoffen nicht vollkommen zu Rande gekommen wäre. Doch hat er mit dieser Konzeption seine Ziele ganz offensichtlich so weit gesteckt, daß sie mit seinen damaligen dichterischen und kompositorischen Mitteln eben doch noch nicht vollständig zu erreichen waren.

Der im „Holländer" erstmals zum Thema erhobene Grundkonflikt wird auch in diesem folgenden Werk beibehalten. So wie der Holländer, im trotzigen Aufbegehren wider die ihm gesetzten Grenzen, ein Tabu verletzt und dadurch einem schrecklichen Fluch verfällt, rebelliert der Künstler Tannhäuser wider die künstlerischen und sittlich-religiösen Konventionen seiner (historischen) Gegenwart. Die Höllen der Verzweiflung und des Ausgestoßenseins in äußerste Vereinsamung werden zum Schicksal beider. Und beiden wird die Erlösung zuteil durch die hingebungsvolle Liebe eines Weibes, das sich selbst opfert.

Auch der Dualismus zwischen den traditionellen Mitteln der Oper und den dem Musikdrama zustrebenden fortschrittlichen, zwischen einer realen, historisch fixierten Handlungsgegenwart und einer im Mythisch-Psychologischen wurzelnden zeitlosen Allgemeingültigkeit, durchzieht dieses Werk von Anfang bis Ende. Ist es Wagner jedoch gelungen, ihn im „Holländer" zum Stilprinzip zu erheben, so wird er im „Tannhäuser" weit eher als ein immer wieder zutage tretender Stilbruch empfunden. Kein Wunder: die Doppelbödigkeit der Handlung ist im „Holländer" sehr viel unkomplizierter und eindeutiger als in dem nun folgenden Werk. Im „Tannhäuser" dramatisierte Wagner nicht nur eine in ihren Hauptzügen fertig vorliegende Sage, sondern er wob drei voneinander völlig unabhängige Sagen ineinander: den Mythos vom Tannhäuser, der in den Hörselberg eindringt, ins lustvoll-sündige Reich der dorthin verbannten heidnischen Liebesgöttin, ferner die auf angeblich historischen Ereignissen fußenden Sagen vom Sängerkrieg auf der Wartburg (dessen Held Heinrich von Ofterdingen bei Wagner mit der Tannhäusergestalt verquickt wird), und die von der Heiligen

Elisabeth. Hinzu kommt, daß die Liebe, die beim Holländer letztlich doch nur „Sehnsucht nach dem Heil" war, nunmehr in ihrer ganzen Gegensätzlichkeit, wie sie sich zwischen dem sexuellen Rausch und der zum letzten Opfer bereiten Hingabe spannt, zum Thema erhoben wird. Diese Polarität von egoistisch sündiger und mitleidsvoll „heiliger" Liebe ist es auch, die den „Tannhäuser" zu dem fast vierzig Jahre später entstandenen Schwanengesang „Parsifal" in direkte Beziehung setzt. Hinzu kommt endlich, daß das autobiographische Moment hier noch sehr viel stärker im Vordergrund steht als in dem aus einem Erlebnis, einer Stimmung entsprungenen „Holländer": Tannhäuser ist, wie Wagner selber, ein egozentrischer künstlerischer Revolutionär, der der Kunst nie geahnte Abgründe des Seelischen erschließt, ein Rebell wider geheiligte Ordnungen und Gesetze, der sein eigenes Glück und schließlich sich selber zerstören muß.

Der Hinweis auf das andere künstlerische Genie unter Wagners Bühnengestalten, nämlich auf Walther von Stolzing, ist hier vonnöten. Tatsächlich hat Wagner seine (erst rund 20 Jahre später zur Aufführung gelangte) Meistersinger-Komödie während der Tannhäuser-Zeit entworfen — als quasi parodistisches Satyrspiel, das der Tragödie nach antikem Vorbild folgen sollte. Darum ergeben sich auch auffallende Parallelen zwischen Tannhäuser und Walther, zwischen Elisabeth und Eva (die beide dem Sieger im Wettstreit der Sänger als Preis zufallen sollen), zwischen den in ihrer Tradition befangenen Wartburgsängern und den Meistersingern, zwischen den Mäzenen Landgraf Hermann und Veit Pogner, ja sogar in gewisser Hinsicht zwischen den verständnisvollen und mit ihrem eigenen Liebesanspruch vor dem Genie zurücktretenden beiden Gestalten Wolfram von Eschenbach und Hans Sachs.

Ursprünglich beabsichtigte Wagner, die neue Oper „Der Venusberg" zu nennen. Die Venusbergszene des ersten Aktes liefert auch tatsächlich den Schlüssel zu allem Seelisch-Hintergründigen dieses Werks, entzieht sich jedoch einer klaren, eindeutigen Interpretation. Insbesondere die Bedeutung der Venus ist unentschieden und mehrdeutig. Ist sie nur als Königin des dem mittelalterlichen Minnesängerideal entgegengesetzten heidnischen Liebeshofs aufzufassen? Ist sie, die Tannhäuser mit einem Fluch entläßt, die „böse Mutter", im Gegensatz zur „guten", himmlischen Mutter Maria, die Tannhäuser anruft? Oder ist sie ganz einfach die Fruchtbarkeitsgöttin Holda, die in dem Liedchen des Hirten genannt wird („Frau Holda kam aus dem Berg hervor...") und aus deren Schoß alles Leben hervorgeht? Wagner selbst äußerte sich nach der Uraufführung wenig befriedigt über diese Gestalt: „Der wirkliche Fehler der Arbeit lag in der nur skizzenhaften und unbeholfenen Ausführung der Rolle der Venus..." Aber die Umformung, die er ihr dann in seiner Pariser Fassung angedeihen ließ, machte ihre Funktion nur noch verworrener: bekommt sie doch dort die Züge eines schmerzlich sehnsüchtigen Leids („Daß letzte Tröstung in deinem Arm ich fand..."), das eher an die Kundry als an die heidnische Liebesgöttin denken läßt.

Deuten wir die Venusberg-Szene also knapp als die grenzenlose Ausschweifung eines Künstlers, als einen ekstatischen Rausch der Sinne, aus dem er sich gewaltsam löst, indem er die Himmelsmutter anruft („Mein Heil liegt in Maria!"), von dem er sich aber dennoch nicht befreien kann: das Erlebte schwelt, ins Unterbewußte abgedrängt, in seiner Seele weiter und schlägt später, im Sängerkrieg, als verzehrender Brand wieder in sein Bewußtsein zurück.

Die Szene, die dem Venusberg-Duett folgt, ist ein Genieeinfall ersten Ranges: Der Venusberg verschwindet, „Tannhäuser, der seine Stellung nicht verlassen hat, befindet sich plötzlich in ein schönes Tal versetzt. Blauer Himmel, heitere Sonnenbeleuchtung..." — Ein neuer Frühling hat die Welt begrünt, und ein kleiner Hirt kommentiert dieses Ereignis tief bedeutungsvoll heidnisch: „Frau Holda kam aus dem Berg hervor, zu ziehen durch Fluren und Auen... Der Mai ist da, der liebe Mai!" — Was Tannhäuser in seinem tiefsten Innern (oder „im Venusberg"!) als ein Urerlebnis der Sinne geschaut hat, ist als neuer Frühling in die Welt gezogen. Zugleich aber führt uns der

Dichter vor Augen, wie der mittelalterliche Mensch dieses Fruchtbarkeitswunder durch fromme Bußfertigkeit kompensiert: ein Zug Rompilger zieht in tiefer Zerknirschung über die Bühne; und Tannhäuser, der aus dem Rausch erwacht ist, bricht vor diesem Erlebnis überwältigt in die Knie: „Allmächt'ger, dir sei Preis! Groß sind die Wunder deiner Gnade!"
Wie sehr nun auch die folgende Szene der Begegnung Tannhäusers mit den Wartburgsängern opernhaft als Sextett und Aktfinale gebaut ist — ihr tieferer Sinn, der sich folgerichtig aus dem Vorangegangenen entwickelt, ist unverkennbar: Tannhäuser, gereift und müde vom Erleben, will nicht mehr in den Sängerkreis zurückkehren, dessen Konventionen er in seinem kühnen seelisch-schöpferischen Alleingang durchbrochen hat: „Seid mir versöhnt und laßt mich weiterziehn!" Da bannt ihn das von Wolfram ausgesprochene Zauberwort: „Bleib bei Elisabeth!" Der Name Elisabeth zaubert auch in die Seele des zerknirschten Wanderers einen neuen Frühling. Frau Holda vollbringt ein zweites Wunder, zu dem sich Tannhäuser, gleichsam verjüngt und erfrischt, überschwenglich bekennt: „Der Lenz mit tausend holden Klängen zog jubelnd in die Seele mir; in süßem ungestümem Drängen ruft laut mein Herz: zu ihr, zu ihr!"
Im Zeichen dieser Wandlung steht auch Tannhäusers Begegnung mit Elisabeth im zweiten Akt: „Dichtes Vergessen hat zwischen heut' und gestern sich gesenkt. All mein Erinnern ist mir schnell entschwunden..." — Elisabeth, diese zarteste und innerlichste Mädchengestalt Wagners, hat diese Liebe ersehnt und offenbart sich dem heimgekehrten Geliebten rückhaltlos. Die fremdartige Kühnheit seiner Weisen hat ihr längst das Herz bewegt. Als eine Liebende bekennt sie sich zu dem „seltsam neuen Leben", das seine Kunst in ihr erweckt hat. Doch weiß sie nicht, in welchen Abgründen Tannhäusers Künstlertum wurzelt und was ihre Reinheit von seiner Zerrissenheit trennt.
Dies offenbart der Sängerkrieg. Der Landgraf stellt die Aufgabe: „Könnt ihr der Liebe Wesen mir ergründen?" Wolfram

beginnt als erster und schildert „der Liebe *reinstes* Wesen" ganz im Sinne des minnesängerlichen Ideals: als Anbetung der Frau. Sofort fühlt sich Tannhäuser zur Rebellion aufgestachelt. In seinem Streitlied stellt er dieser ehrfürchtig anbetenden Liebe den Sinnengenuß als „der Liebe *wahrstes* Wesen" gegenüber. Die Befremdung und Entrüstung, die er damit auslöst, reizen seine Angriffslust immer mehr, bis er schließlich, wie in Trance und außer sich, das Preislied der Venus singt und sein Geheimnis offenbart: „Ihr, die ihr Liebe nie genossen, zieht hin, zieht in den Berg der Venus ein!"
Ein todeswürdiger Frevel wurde damit offenkundig. Mit gezücktem Schwert dringen die versammelten Ritter auf Tannhäuser ein; da wirft sich Elisabeth dazwischen: „Haltet ein! Nicht ihr seid seine Richter!"
Was sich in der folgenden Szene zwischen ihr und Tannhäuser abspielt, ist letztlich wiederum jene psychologische „Verschränkung des Doppelten", mit der Thomas Mann die Begegnung zwischen Holländer und Senta charakterisiert hat. Tannhäuser erwacht aus seiner Ekstase und begreift, daß er nicht nur sein eigenes Liebesglück, sondern auch das der Elisabeth zerstört hat. Und nun wird ihm aus ihrem Mund die Bekundung jener reinsten Liebe zuteil, die er verhöhnt hat. Elisabeth entäußert sich aller eigenen Wünsche und Hoffnungen, um das Heil des Verworfenen zu retten: sie fleht für sein Leben, um ihm Gelegenheit zu Buße und Reue zu geben. Tannhäusers Zerknirschung, seine (zweite) Anrufung der Maria (!): „Erbarm dich mein!" aber ist im Innersten beseelt von dem Wunsch, nicht das eigene Leben zu retten, sondern sich dieses Liebesopfers wert zu erweisen und — wie es später in der Rom-Erzählung heißt — „meines Engels Tränen zu versüßen".
So wird diese Liebe zu einem Opfergang, den beide getrennt und doch füreinander gehen: Elisabeth durch ihr Gebet, Tannhäuser durch die ihm vom Landgrafen auferlegte Bußfahrt nach Rom, die ihn freilich der letzten Verzweiflung überantwortet. Der Papst verstößt und verdammt ihn: „Wie dieser Stab in meiner Hand nie mehr sich schmückt mit frischem

Grün, kann aus der Hölle heißem Brand Erlösung nimmer dir erblühn!"
Jetzt aber, da sich ihm der Himmel selber zu verschließen scheint, da ihm der männliche Logos das Gnadenwunder verwehrt, treibt es den Verdammten zurück in die Arme der Venus, bei der er Vergessen sucht. Da nennt Wolfram, der mitleidende Freund, noch einmal das Zauberwort, das ihn dem Wahnsinn entreißt: Elisabeth. Sie ist für ihn gestorben: der „heil'gen Liebe ew'ge Macht", die Wolfram so ergreifend besungen hat und die Tannhäuser, dieser große Liebende, in allen Frauengestalten des Dramas gesucht hat — sie hat ihm das letzte, höchste Opfer dargebracht. Wie Schuppen fällt es dem Sterbenden von den Augen: was er immer suchte, auch in der Verblendung des Sinnenrauschs, das Ewig-Weibliche schenkt ihm nun Frieden, Geborgenheit und Erlösung. Ein schönes Sinnbild macht dies vollends bewußt: der dürre Stab des Papstes ist neu ergrünt; jubelnd verkünden junge heimkehrende Pilger das Wunder. Der Logos des Unabänderlichen wurde durchbrochen. Elisabeth, Maria, Venus und Frau Holda — sie werden eins in diesem poetischen Bild des frischergrünten Stabs, dem Symbol einer heilbringenden Fruchtbarkeit.
Verglichen mit der Musik zum „Holländer" ist die des „Tannhäuser" weniger dicht als eine aus der motivischen Keimzelle entsprungene symphonische Vielheit konzipiert. Der Dualismus zwischen Opernmelodik und Musikdrama, der auch dieses Werk bestimmt, neigt sich hier mehr dem Opernhaften zu. Eine regelrechte motivische Arbeit findet sich nur in der Musik zu den Venusbergszenen — also in der Ouvertüre, im Bacchanal beider Fassungen und in der Venusszene des dritten Aktes. Diese Venusberg-Motivik hat jedoch (ebenfalls i. G. zum Holländer) mehr illustrativen als symbolischen Charakter. Besonders charakteristisch ist die hochzüngelnde Figur des Bacchanal-Motivs:

1

Aus dem dazugehörigen Nachsatz —

— verselbständigt Wagner ein kleines Motiv, das in fortwährender Sequenzierung bereits etwas von der ekstatischen Steigerungstechnik der Tristan-Musik vorwegnimmt:

Einfache Dreiklangsmotive, wie die folgenden beiden:

— oder der verlockend süße Liebesruf der Venus („Geliebter komm, sieh dort die Grotte!"), der in der Ouvertüre von einer Sologeige gespielt wird,

gewinnen ihren schillernden Reiz durch instrumentale Wirkungen. Harmonisch ausgesprochen kühn hingegen erscheint der Sirenengesang „Naht euch dem Strande!", weil seine Dissonanzspannung durch den beibehaltenen Orgelpunkt H keine Auflösung erfährt:

Aus diesem motivischen Material der Venusbergmusik ist auch noch das fast 20 Jahre später entstandene Bacchanal der Pariser Fassung gebaut. Der Stil freilich ist völlig anders: die Dimensionen haben sich mächtig geweitet, die Sinnlichkeit des Ausdrucks hat eine Intensivierung ins ausgesprochen Dämonische erfahren. Nichts könnte diese Dämonisierung des erotischen Moments der ursprünglichen Fassung stärker verdeutlichen als die Tatsache, daß Wagner in sein Pariser Bacchanal zwei symbolträchtige Motive einfügte, von denen eines der Tristanwelt entstammt —

8

— (es ist das dortige Sehnsuchts-Motiv) und das andere eine frappante Ähnlichkeit mit dem Fluch-Motiv der Kundry aufweist:

9

Das Reich der Venus wird damit musikalisch zu einem höllischen Geschlechtspandämonium, in dem die Liebesleidenschaft bis zur äußersten Wut, Qual und Verruchtheit gesteigert ist. Diesem Stilbruch innerhalb der Venusbergmusik stellt sich ein anderer an die Seite, der sich bereits in der ursprünglichen Dresdner Fassung durch das ganze Werk zieht. Mit Ausnahme der Rom-Erzählung sind nämlich alle Szenen, in denen die Venus nicht erscheint, opernhaft gebaut. Im Gegensatz zur motivischen Arbeit dominiert darin die geschlossene, selbständige Melodie in Form des Strophenlieds (Tannhäusers Preislied auf die Venus), der Arie (Hallen-Arie), des Duetts (Tannhäuser-Elisabeth), des Sextetts (Finale 1. Akt), der Romanze (Lied an den Abendstern), der Pilgerchöre und der großen Chorfinale (2. und 3. Akt). Verbunden sind diese einzelnen „Nummern" durch rezitativische Partien, die gelegentlich den Charakter des für den frühen Wagner typischen Sprechgesangs annehmen

(Ansprache des Landgrafen, Wolframs Lied „Blick ich umher in diesem edlen Kreise", die 1. Szene des dritten Aktes). Zum Mittel für die Vereinheitlichung dieser Melodienfolge im Sinne der Großform wird für Wagner hier die konsequente Anwendung der „Erinnerungsmelodie": Viele der in diesem Werk vorkommenden Melodien kehren mehrmals wieder und bringen dabei, ohne sich selbst zu verändern (hier liegt der Unterschied zum späteren „Leitmotiv") jeweils den ursprünglichen Text, an den sie gebunden sind, „in Erinnerung".

Eine solche Erinnerungsmelodie ist beispielsweise das Lied, mit dem Wolfram den ausbrechenden Streit im zweiten Akt zu schlichten sucht:

— und dessen zweiter Teil:

Wenn Wolfram im dritten Akt auf seine Frage „Elisabeth, dürft' ich dich nicht geleiten?" von Elisabeth nur stumm bedeutet wird, „ihr Weg führe sie gen Himmel, er solle sie ungeleitet lassen", dann tönt aus dem Orchester sinngebend für diese Gebärde und für diesen Himmelsweg eben jene Erinnerungsmelodie aus dem zweiten Akt, deren Text der Hörer bereits kennt.

Erinnerungsmelodien in ähnlicher Funktion sind Wolframs Gesang im ersten Akt „War's Zauber, war es reine Macht..." —

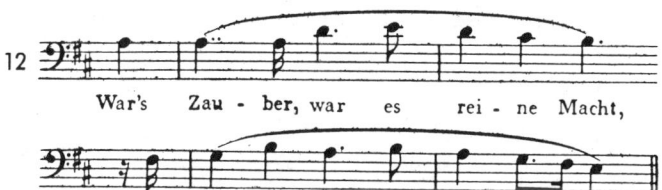

— der nach den Worten des Landgrafen im 2. Akt („... heut', wo der kühne Sänger uns zurückgekehrt, den wir so ungern lang vermißten") erinnernd aufklingt. Ferner der im Vorspiel zum zweiten Akt wiederkehrende Fluch der Venus:

Oder Tannhäusers Jubellied aus dem ersten Aktfinale („Ha, jetzt erkenne ich sie wieder, die schöne Welt..."), das im Vorspiel zum zweiten Akt und als Nachspiel der Hallen-Arie wieder erklingt:

Oder die Pilgerchöre des ersten und des dritten Aktes:

Oder Tannhäusers Preislied auf die Venus, das bereits zweimal in der Ouvertüre erklingt, ferner in drei Strophen im Venusberg gesungen wird und ein letztes Mal im Sängerkrieg wiederkehrt:

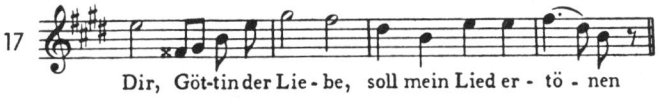

Dir, Göt-tin der Lie-be, soll mein Lied er - tö - nen

Das stilistisch Brüchige der Tannhäuser-Musik wird gerade an dieser glänzend-glatten Melodie offenbar, und zwar in der Ouvertüre, wo sie formal als zweites Thema, als Höhepunkt und doch zugleich als ein einer völlig anderen Stilwelt angehörender Fremdkörper mitten in der Venusbergmusik erscheint.
Eine letzte Erinnerungsmelodie sei hier wiedergegeben: der Gesang der Elisabeth aus dem zweiten Akt: „Ich fleh' für ihn, ich flehe für sein Leben...", der zum melodischen Kernstück des großen Aktfinales wird:

Ich fleh' für ihn, ich fle-he für sein Le - ben

Ist dieser zweite Akt mit Arie, Duett, Rezitativen, mit den Minnesängerliedern, mit der — im Drama ganz für sich stehenden — festlichen Einzugsmusik der Gäste und dem riesigen Finale ganz und gar „große Oper", so stellt der dritte Akt einen musikgeschichtlich bemerkenswerten Versuch dar, das vorgegebene melodische Material der Oper symphonisch-musikdramatisch zu verdichten und zu verarbeiten. Schon das Vorspiel ist in diesem Sinn ein Novum: es ist eine Art Symphonische Dichtung, die Tannhäusers Romfahrt schildert. Ihr Material bildet in der Hauptsache die Melodie des ersten Pilgerchors („Zu dir wall' ich, Herr Jesus Christ", Beispiel 15) und die der Elisabeth („Ich fleh' für ihn", Beispiel 18), die hier miteinander verbunden werden. Ein Streichermotiv, das Tannhäusers Zerknirschung zum Ausdruck bringt, tritt als etwas Neues hinzu:

19

Den Höhepunkt dieser Symphonischen Dichtung bildet der Gefühlssturm, den das Erlebnis der Heiligen Stadt in dem Erlösungssuchenden entfacht, dargestellt durch ein ekstatisches Motiv, das, im Pianissimo einsetzend, in fortwährender Sequenzierung nach oben jagend, bis zum Fortissimo gesteigert wird und dann in feierliche Akkorde einmündet:

20

Dieses ekstatische Motiv verdient insofern besondere Hervorhebung, als es der einzige Gedanke in der ganzen Tannhäuser-Musik ist, der die ideellen Pole der Dichtung, nämlich Sinnlichkeit und Heiligkeit, in eine innere Beziehung zueinander setzt. Denn so wie dieses Motiv hier, wie auch in der Rom-Erzählung, dem Heilsbegehren einen ekstatischen Ausdruck verleiht, so schildert es andrerseits die äußerste Ekstase sinnlicher Raserei in der Ouvertüre und im Bacchanal. Als scheinbare Begleitfigur züngelt es durch die Melodie des zweiten Pilgerchors (Beispiel 16) und gewinnt melodische und texttragende Selbständigkeit im zweiten Teil des ersten Pilgerchors, der von Sünde, Last und Reue spricht —

21
Ach, schwer drückt mich der__ Sün - den__ Last

— und der in der Ouvertüre auch dem eröffnenden zweiten Pilgerchor als zweiter Teil zugeordnet ist. Als eine Variante davon könnte sogar die Melodie von Wolframs Lied an den Abendstern gedeutet werden,

22
O du mein hol - der A - bend - stern

deren sanft nach unten gleitende Chromatik in Gemeinsamkeit mit den ausdrucksvollen Harmoniefolgen jedoch alles Ekstatische und Brünstige der ursprünglichen Motivgestalt ins Schwermütige abwandelt.

Es ist also, wenn man die Venusberg-Musik ausklammert, im wesentlichen der dritte Akt dieses Werks, in dem Wagner die Oper zu überwinden trachtet und das musikdramatische Fernziel ansteuert. Dabei besitzt allerdings auch dieser dritte Akt noch keineswegs eine geschlossene stilistische Einheitlichkeit. Nach der großen Orchestereinleitung, die den Titel „Tannhäusers Pilgerfahrt" trägt, kommt die dramatische Aktion zunächst einmal für eine gute Weile zum völligen Stillstand: die rezitativischen Monologe Wolframs, der Pilgerchor, das Gebet der Elisabeth und das Lied an den Abendstern haben rein lyrischen Charakter und sind eine Aneinanderreihung von in sich geschlossenen Formen. Erst mit Tannhäusers Auftritt hebt die dramatische Aktion wieder an. Seine Rom-Erzählung, die auf das thematische und motivische Material der Orchestereinleitung zurückgreift, gestaltet sich zu einem packenden Durchbruch ins Musikdramatische. Sie ist weder Lied noch Arie, sondern hochdramatischer Sprechgesang. In der Art, wie sie nach der Schilderung der Verdammung durch den Papst in die Venusbergmusik einmündet („Zu dir, Frau Venus, kehr' ich wieder..."), wie dann diese ungeheuer erregte Szene in die feierlichen Schlußchöre übergeht, offenbart sich der zukünftige Meister der Großform.

Die Oper „Tannhäuser" ist mit all ihrer Stilbrüchigkeit ein weiterer Meilenstein auf dem Wege zu ihr.

Lohengrin

PERSONEN: *Heinrich der Vogler*, deutscher König: Baß (gr. P.); *Lohengrin*: Tenor (gr. P.); *Elsa von Brabant*: Sopran (gr. P.); *Friedrich von Telramund*, brabantischer Graf: Bariton (m. P.); *Ortrud*, seine Gemahlin: Mezzosopran (m. P.); *der Heerrufer des Königs*: Baß (m. P.); *vier brabantische Edle*: Tenor und Baß (kl. Pn.); *vier Edelknaben*: Sopran und Alt (kl. Pn.).
Chöre: Sächsische und thüringische Grafen und Edle, Edelfrauen, Mannen, Knechte.

ORCHESTERBESETZUNG: 1. und 2. Violinen, Bratschen, Celli, Kontrabässe, 3 große Flöten (die dritte wechselt mit kleiner Flöte), 3 Oboen (die dritte wechselt mit Englisch Horn), 3 Klarinetten (die dritte wechselt mit Baßklarinette); 3 Fagotte, 4 Hörner, 3 Trompeten, 3 Posaunen, 1 Baßtuba, 1 Paar Pauken, Triangel, 1 Paar Becken, Tamburin, Harfe. Bühnenmusik.

Komponiert 1846—48
Uraufführung am 28. August 1850 in Weimar

Der Abgesandte einer überirdischen Macht, der, von einem Schwan herbeigezogen, für die Schuldlosigkeit eines in schlimme Not geratenen Mädchens in die Schranken tritt, der sich in die schöne Träumerin verliebt und zugleich dem ersehnten Liebesglück die Bedingung voranstellt, daß sie nie nach seinem Namen, seiner Art und seiner Herkunft fragen darf — kein Sagenstoff könnte dem wissenschaftsgläubigen Rationali-

sten des 20. Jahrhunderts fremder sein als dieser. Kein Wagnersches Sujet ist denn auch emsiger und platter parodiert worden.
Nirgendwo anders gibt sich Wagner so rückhaltlos gefühlsoffen, so mutig naiv und intellektuell ungewappnet wie im „Lohengrin". Doch nicht nur darum ist die Oper vom Schwanenritter ein Ausnahmewerk. Sie steht auch mit ihrem dichterischen Problem außerhalb der Kontinuität, die alle anderen Werke vom „Holländer" bis zum „Parsifal" miteinander verbindet: kein frevlerischer Wille durchbricht hier die Gesetze der Natur, der Menschen oder der Götter. Kein fluchbeladener Rebell sucht Frieden durch ein ihm dargebrachtes erlösendes Liebesopfer. Wenn Elsa das Frageverbot, das ihr der geheimnisumwobene Fremdling auferlegt hat, durchbricht, dann erfüllt sie letztlich ein Gesetz, dem sie auch als Liebende nicht entrinnen kann: das Wunderbare hat keinen Platz in der Realität des Menschen, dem der Drang zu forschen und zu fragen eingeboren ist.
Dieser tragische Konflikt ist nicht ohne Vorbilder und Parallelen. Wagner selbst weist auf den ideellen Zusammenhang mit der antiken Sage von Zeus und Semele hin: Semele, die den Geliebten in seiner flammenden Göttlichkeit erschauen wollte und dafür sterben mußte. Auch das romantische Märchen von dem Meermädchen Undine gehört hierher oder die von Marschner vertonte Sage von Hans Heiling: Wesen aus einer Geisterwelt, die sich vergebens nach dem Glück der Menschenliebe sehnen und schließlich einsam und unverstanden in die ihnen gemäße Sphäre zurückkehren müssen.
Bereits während seiner Quellenstudien zum Sängerkrieg auf der Wartburg, im Jahre 1841, war Wagner dem Lohengrin-Stoff begegnet und berichtete später darüber: „Eine ganz neue Welt war mir hiermit aufgegangen, und fand ich zunächst noch nicht die Gestalt, in der ich auch den ‚Lohengrin' hätte bewältigen können, so lebte doch nun auch dieses Bild unauslöschlich in mir fort." Zweifellos hat er auch dieser Gestaltung, der er sich bald nach der Vollendung der Tannhäuser-Partitur, während

eines Kuraufenthalts in Marienbad, im Juli 1845, mit leidenschaftlicher Ergriffenheit hingab, eine subjektive Erfahrung anvertraut: das Schwanenritter-Schicksal wurde für ihn zum Spiegel der eigenen Künstlereinsamkeit, der Tragik des in seiner Lebenssehnsucht immer wieder auf sich selbst zurückgeworfenen Genies.

Freilich gewinnt die Lohengrin-Gestalt in Wagners Oper keine eigentliche Individualität. Wie sollte sie auch? Sie bleibt eine fremde, hoheitliche Erscheinung, die sich aus dem ihr anhaftenden Glanz nicht zu lösen vermag, auch nicht in den Augenblicken der innigsten Gefühlsoffenbarung. Eine viel differenziertere psychologische Durchhellung hat die Gestalt der Elsa erfahren. In ihrer traumversponnenen, bergeversetzenden Wundergläubigkeit, in ihrem überseligen Triumph und in ihrer Zweifelsqual, die das errungene Glück zwangsläufig wieder zerstören muß, hat die weibliche Psyche eine allgemeingültige Aussage gefunden. Wie sehr sich Wagner mit dieser seiner Lieblingsgestalt identifiziert hat, bestätigt er selbst in seiner Autobiographie, wo er berichtet, daß er über Elsas Schicksal Tränen vergossen und lange mit dem Gedanken gerungen habe, diesem Drama einen glücklichen Ausgang zu geben, nämlich eine Rückkehr des Schwanenritters in Aussicht zu stellen.

Dabei erschöpfte sich für Wagner die Bedeutung dieser Gestalt keineswegs nur in ihrer geliebten Individualität. Elsa verkörperte für ihren Schöpfer darüberhinaus den Geist jenes mythenbildenden, gläubig dem Wunderbaren zugewandten Ideal-Volkes, von dem der romantische Künstler träumte: „Elsa, das Weib — das bisher von mir unverstandene und nun verstandene Weib, — diese notwendigste Wesensäußerung der reinsten sinnlichen Unwillkür, — hat mich zum vollständigen Revolutionär gemacht. Sie war der Geist des Volkes, nach dem ich auch als künstlerischer Mensch zu meiner Erlösung verlangte."

Die Bedeutung, die das „Volk" im „Lohengrin" gewinnt, spiegelt sich in der Funktion des Chores. Er ist hier nicht nur, wie sonst in der Oper, effektvoll rahmende Kulisse, auch nicht nur raunender Kommentator im antiken Sinne, sondern er ist das lebendige Zentrum der Handlung, aus dem das Wundergeschehen entspringt, in dem es sich spiegelt und auf dem sein verklärender Abglanz zurückbleibt.

Verwirrung und Unfriede herrscht in diesem brabantischen Volk, dessen Männer mit König Heinrich in den Krieg gegen die Ungarn ziehen sollen. Gottfried, der Sohn und Erbe des verstorbenen Herzogs, dazu ausersehen, sein Volk dem neuen christlichen Glauben zuzuführen, ist auf geheimnisvolle Weise verschwunden. Graf Telramund, der vom sterbenden Herzog bestellte Interregnums-Statthalter aber, der vergeblich um die Hand Elsas, der Tochter des Herzogs, angehalten hat, erhebt Anspruch auf den Thron und bezichtigt Elsa des Brudermords. Telramunds ritterliche Tugenden aber dienen in blinder Hörigkeit seinem Weibe Ortrud, der Exponentin einer finsteren, reaktionären Glaubensmacht. Sie ist — so charakterisiert sie Wagner — „das Weib, das die Liebe nicht kennt. Ihr Wesen ist die Politik. Es ist eine Liebe in diesem Weibe, die Liebe zur Vergangenheit, zu untergegangenen Geschlechtern, die entsetzlich wahnsinnige Liebe des Ahnenstolzes, die sich nur als Haß gegen alles Lebende, wirklich Existierende äußern kann".

Diese Ortrud, die den alten heidnischen Göttern treugeblieben ist, hat, wie der Gang der Handlung später erweist, Gottfried verzaubert, hat ihn, den geistigen Träger des neuen, fortschrittlichen Glaubens, in ein Tier, in einen Schwan zurückverwandelt. Gelingt es ihrer Intrige, auch Elsa zu beseitigen, dann ist der Weg frei zur Macht, zur Neuinthronisation der alten Götter.

Kein größerer Gegensatz ist denkbar als der zwischen dieser mit allen Verstandeskräften ausgestatteten wissenden und bösen Magierin und jenem kindlich zarten Geschöpf Elsa, das hier vor das Königsgericht zitiert wird, um sich gegen eine furchtbare Anklage zu verteidigen. Denn Elsa verteidigt sich nicht. Sie scheint die Gefahr, in der sie schwebt, gar nicht zu gewahren. Je besorgter der von ihrer Erscheinung mächtig angerührte König mit seinen Fragen in sie dringt, desto tiefer zieht sie sich in sich selbst zurück, in die Traumwelt ihres Kinderglaubens, in der ihr der namenlose, wunderbare Freund erschienen ist, ein schöner, tugendsamer Ritter „in lichter Waffen Scheine". Ihm einzig will sie sich anvertrauen, er soll ihr Streiter sein im Gottesgericht, durch das ihre Schuld oder Unschuld bewiesen werden soll.

Staunen und Betroffenheit breitet sich aus und wächst, als der König sich ihrem närrisch-kindlichen Wunsch willfährig zeigt, steigert sich zur äußersten Beklommenheit, als der dreimal wiederholte Ruf nach dem Streiter für Elsa von Brabant ohne Antwort verhallt. Da sinkt Elsa zum Gebet nieder und ihr Glaube wird belohnt. Ein Märchen senkt sich herab: der wunderbare Fremdling, bezaubert und ergriffen von solcher Glaubenskraft, trägt Elsa seine Hand an; „leise — fast bewußtlos" verspricht sie, sein Frageverbot zu halten. Im Zweikampf des Gottesgerichts wird Telramund geschlagen: aufs Herrlichste hat sich die siegende Kraft des Gottgesandten und die Unschuld des Mädchens offenbart, das ihn herbeigesehnt hat und dem er nun als Gatte angehören will.

Hier endet ein Märchen. Hier beginnt die Tragödie eines Weibes, das die Liebe aus dem Paradies eines wunderwirkenden Kinderglaubens hinaustreibt, das sich in wachsender Angst und Sorge um einen herrlichen Besitz verzehren muß, der sich ihm durch ein Geheimnis entzieht. In der Lohengrin-Sage lebt Elsa sieben Jahre an der Seite des Schwanenritters, bevor sie die verhängnisvolle Frage stellt. In Wagners Drama vollzieht sich der Umschwung vom Glauben zum Zweifel innerhalb eines einzigen Tages. Zum Medium dieser dramatischen Zeitraffung wird ihm Ortrud, die übrigens in der Sage noch nicht vorkommt, sondern Wagners eigene Schöpfung ist. Ortruds wissende, suggestive Dämonie gewinnt in der nächtlichen ersten Szene des zweiten Aktes nicht nur neue Macht über Telramund, der sich „von Gott geschlagen" wähnte und nun überzeugt wird, daß er das Opfer eines betrügerischen Zaubers sei. Sie ergreift auch Zug um Zug Besitz von Elsas Denken und Fühlen. Telramunds düstere Prophezeiung: „So zieht das Unheil in dies

Haus", Elsas Einladung an ihre Verderberin: „Kehr bei mir ein...", die dramatischen Zwischenfälle während des Hochzeitszuges können deshalb auch durchaus symbolisch verstanden werden: das Gift des Zweifels, das in Elsas Seele geträufelt wurde, löst und weckt darin etwas, was bisher im Unbewußten schlummerte und was nun zu ungeheurer, selbstzerstörerischer Größe aufwächst. Die Ortrudnatur mit ihrer bohrenden Zweifelssucht ist in Elsas Psyche das Gegenstück zu jener fraglos-wissenden Gläubigkeit, die den Schwanenritter in einem doppelten Sinn angezogen hat und durch die sein Liebesglück bedingt ist.

So bleibt die von Lohengrin im zweiten Akt davongescholtene Ortrud auch in der Brautgemach-Szene psychologisch gegenwärtig. In dieser Szene wird der seelische Konflikt mit unerbittlicher Konsequenz ausgetragen und seinem tragischen Ende zugeführt. Vergebens suchen beide Liebende nach einer Gemeinsamkeit. In allen Liebesbeteuerungen spiegelt sich Elsas Angst: „Ach könnt' ich deiner wert erscheinen!" In all seinen sanft ermahnenden Tröstungen enthüllt Lohengrin mehr und mehr die Göttlichkeit, die ihn von Elsa trennt. Mit den in äußerster Qual und Verzweiflung hinausgestoßenen direkten Fragen nach seinem Namen und seiner Herkunft zerreißt Elsa vollbewußt das letzte Band zwischen sich und ihm.

Als Telramund im gleichen Augenblick bewaffnet in das Brautgemach einbricht, reicht Elsa dem Geliebten das Schwert, das er abgelegt hat und das doch ein Teil seines göttlichen Wesens ist. Dieser versteckten Symbolik entspricht eine andere: als sich Lohengrin vor allem Volk als Abgesandter des heiligen Grales offenbart hat und von Elsa Abschied nimmt, überreicht er ihr Schwert, Horn und Ring, die Insignien seines göttlichen Wesens, als Gabe an Gottfried, ihren Bruder, den zukünftigen Herzog von Brabant, dessen Wiederkehr er verheißt.

Und auch darin läßt sich eine gewisse symbolische Konsequenz erkennen, daß Lohengrin scheidend den Triumph der Ortrud zunichte macht: sein Gebet entzaubert den Schwan, an dessen Stelle der junge Gottfried erscheint. Ortrud ist bei seinem Anblick „mit einem Schrei zusammengesunken". Aber auch Elsa, in der die Ortrudnatur eine solch verhängnisvolle Macht gewonnen hat, büßt ihr allzuweibliches Vergehen mit dem Tode und teilt damit das Schicksal Semeles.

Mit diesem letzten Werk des jungen Wagners, das die Bezeichnung „Oper" führt, nähert sich der Komponist nicht, wie man eigentlich erwarten sollte, dem Musikdrama durch eine weitere Intensivierung des symphonischen Prinzips und der motivischen bzw. thematischen Arbeit. Das Gegenteil ist der Fall: die Mittel der musikalischen Aussage sind hier bis zum Äußersten vereinfacht. Vergröbernd könnte man sogar sagen, daß die gesamte Substanz dieser Musik auf dem Dreiklang basiert. Natürlich wird hierdurch eine gewisse Einheitlichkeit im Thematischen gewährleistet, wobei allerdings der Erinnerungsmelodik und -motivik eine auffallend geringere Bedeutung zukommt als im „Tannhäuser" oder gar im „Holländer".

Der andersgeartete Stil, mit dem sich „Lohengrin" von den vorangegangenen Werken unterscheidet und absetzt, ist wohl darin begründet, daß Wagner in dieser Oper erstmals konsequent das koloristische Element mit all seinen Möglichkeiten ausschöpft und auslotet. Das zeigt sich bereits in der Orchesterbesetzung, die das Prinzip der klassischen zweifachen Holzbläserbesetzung zugunsten einer dreifachen durchbricht (3 Flöten, 2 Oboen plus Englisch Horn, 2 Klarinetten plus Baßklarinette, drei Fagotte!). Ferner in einer ganz neuen Art der illustrierenden und psychologisierenden Instrumentation, die hier (man denke nur an das Vorspiel!) beispielsweise durch die Verwendung des Flageolett-Effekts, durch die Vielteilung der Geigen und durch Ausnützung der Lagen Wirkungen hervorbringt, wie sie vorher nie gehört worden sind. Das zeigt sich endlich in einer systematischen Verwendung der Tonarten, und zwar sowohl im Sinne einer charakteristischen Aussage als auch einer formbildenden Ordnung. Im „Lohengrin" ist das aufschlußreiche Fundament zu Wagners faszinierender Tonarten-Charakteristik gelegt.

Bemerkenswert ist auch, daß diesem Werk keine Ouvertüre

vorangestellt ist, sondern ein langsames Vorspiel, dem eine poetische Idee (die Herabkunft des Grales aus blauer Himmelsferne) zugrunde liegt, das also nicht, wie die Ouvertüre, eine Art symphonisches Kompendium der Handlung darstellt. Formal besteht dieses Vorspiel aus einem einzigen Thema, dem Grals-Thema —

— das sich aus der Ursubstanz, dem A-dur-Dreiklang, löst, zunächst von den hohen Geigen vorgetragen wird, dann in die Register der Holzbläser herabsinkt, weiter in die der Hörner und schließlich in die der Trompeten und Posaunen. Somit ist dieses Vorspiel ein weites ausinstrumentiertes Crescendo. Eine in ruhiger Ergriffenheit absteigende Streicherlinie, die im dritten Akt, nach der Grals-Erzählung, im Chor wiederkehrt („Hör' ich so seine höchste Art bewähren") —

schließt die Entwicklung ab. Auf dem A-dur-Dreiklang schwebt das Wunder in die Höhe des Anfangs zurück.
Instrumentale Register und Farben sind es auch, die der Handlung die charakteristischen Kontraste geben. Akkord- und Unisono-Motive mit punktierten, „kriegerischen" Rhythmen bestimmen die Stilschicht des Heerbanns:

der Anklage Telramunds:

und später des Gottesgerichts:

Die große Ansprache König Heinrichs ist reiner, rezitativischer Sprechgesang, ohne ariose Melodik, ohne irgendwelche orchestralen Entwicklungen. Das Orchester stützt die Deklamation lediglich durch Akkorde und kurze kriegerische Motive, die keinerlei weitere Bedeutung erlangen. Hier wird die Interregnums-Situation zwischen Oper und Musikdrama als ein Nichtmehr und ein Nochnicht besonders deutlich.

Elsas keusche, unschuldige Erscheinung wird durch Holzbläser charakterisiert. Ein schüchtern-züchtiges Unisono-Motiv leitet ihren Auftritt ein:

Dann folgt, hier noch ganz verhalten, die schwärmerische Melodie, die später in ihrer Traum-Erzählung wiederkehrt („Mit züchtigem Gebaren gab er mir Tröstung ein"):

In dieser Traum-Erzählung erscheint nun auch das Grals-Motiv (Beispiel 1) und das von Holzbläsern intonierte und von Geigen-Tremoli umschimmerte Thema Lohengrins:

Das Grals- und das Lohengrin-Thema stehen hier freilich nicht in der ihnen eigentlich zugehörigen Tonart A-dur, sondern in der von Elsas Traum, in As-dur, generell: der Traum-Tonart der Romantiker. Die Verwirklichung dieses Traumes ist denn auch eine musikalisch großangelegte Modulation von As-dur über as-moll (Elsas Gebet!) noch A-dur, das bei Elsas Worten

„... wie ich ihn sah, sei er mir nah!" erreicht wird. Hier setzt dann im Pianissimo mit dem Lohengrin-Thema der Schwanenchor „Seht, welch ein seltsam Wunder!" ein, der nach einer großräumigen Entwicklung mit dem Jubelruf „Sei gegrüßt, du gottgesandter Mann!" (Lohengrin-Thema im Fortissimo) abschließt.

Die Tonart des Grals und seines Ritters ist also A-dur, die der Ortrud aber, wie die erste Szene des zweiten Aktes ausweist, fis-moll (wobei darauf hinzuweisen ist, daß dieser Tonart nicht nur im „Lohengrin" und nicht nur bei Wagner ein dämonischer Charakter zugesprochen wird; die Wolfsschlucht-Szene im „Freischütz" steht beispielsweise ebenfalls in fis-moll). Nun sind aber beide miteinander verwandte Tonarten im „Lohengrin" nicht nur als Kontraste gegeneinandergestellt, sondern tiefsinnigerweise auch in einer Akkordverbindung miteinander vereinigt. Die Schwanen-Akkorde, —

9

— die bei Lohengrins Abschied von dem Schwan erstmals erklingen, bestehen aus dem fis-moll- und dem A-dur-Dreiklang, geben folglich dem Schwanenwesen (dem verzauberten Gottfried!) in ihrer Verbindung von Magie mit Heiligkeit eine interessante symbolische Deutung. Daß sich Wagner dieser Zusammenhänge bewußt war, beweist die Wiederkehr der gleichen Akkordfolge als Schwanen-Akkorde im „Parsifal" (dort allerdings in der Folge cis-moll — E-dur), wo ihnen ebenfalls eine symbolische Bedeutung zukommt. Daß diese Akkordfolge übrigens bereits im Grals-Thema (Beispiel 1) enthalten ist, kann ebenfalls nicht überhört werden.

Lohengrins Frageverbot „Nie sollst du mich befragen, noch Wissens Sorge tragen, woher ich kam der Fahrt, noch wie mein Nam' und Art" —

10

Nie sollst du mich be - fra - gen

— ist eine Erinnerungsmelodie, die als formelhafte Mahnung fortan immer wieder im Orchester aufklingt, wenn sich Elsa versucht fühlt, dieses Verbot zu übertreten.

Hat das Grals-Thema mit seiner nach oben schlagenden Quarte eine intervallpsychologische Bedeutung etwa im Sinne eines gläubigen Aufblicks, so tritt nun mit diesem Frageverbot das in seiner Bedeutung gegensätzliche Intervall in Funktion: die nach unten (auf den Grundton) fallende Quinte. Sie ist im „Lohengrin" das sozusagen „irdische" Intervall. Es trägt hier beziehungsvoll die Worte „be f r a g e n", „Sorge t r a g e n". Es wird wenig später zum Intervall von Lohengrins Menschwerdung bei seinem Ausruf: „Elsa, ich l i e b e d i c h !"

11 El - sa, ich lie - be dich!

Und es wird auch im folgenden das Intervall der Ortrud: mit ihm ruft sie im zweiten Akt zu der auf dem Söller stehenden Elsa hinauf: „El-sa!" Es erklingt mehrmals bei Ortruds Anrufung der alten Götter: „Wotan! Dich Starken r u f e i c h ! Fricke! Erhab'ne, h ö r e m i c h !" — Auch die Einleitung zum zweiten Akt zeigt, daß die Quinte fortan zum dominierenden Intervall der den Zweifel schürenden Mächte wird: Nach einem Paukenwirbel auf Fis setzt eine grüblerisch düstere Linie in den Bässen ein:

— aus der sich dann als Leitgedanke von Elsas ruheloser Zweifelsucht ein zur Sequenzierung neigendes Motiv löst,

— das auch dann in der Brautgemach-Szene das motivische Material für die zur Katastrophe drängende dramatische Zuspitzung bildet.

Die große Szene zwischen Ortrud und Telramund zu Beginn des zweiten Aktes ist kein Duett mehr im Sinne der Oper, aber auch noch keine in einer einheitlichen thematischen Substanz verankerte musikdramatische Partie. Sie ist, vom Orchestralen her gesehen, ein Stück freier, großartiger und hochexpressiver rezitativischer Tonmalerei. Durch dynamische und instrumentale Kontraste werden hier, vielfach mit einfachsten Mitteln, packende Wirkungen erzielt. Von unheimlicher Aussage ist besonders die über dem Orgelpunkt Fis chromatisch absteigende Akkordfolge zu Telramunds Worten „Du wilde Seherin! Wie willst du doch geheimnisvoll den Geist mir neu berücken!" Das Schlafmotiv aus dem „Ring" („Hinab zur Mutter! Hinab!" S. d. Beispiel 57), das Tantris-Motiv aus dem „Tristan" (S. d. Beispiel 2) und die chromatische Schlaf-Motivik der Kundry im „Parsifal" wird hier bereits bedeutungsvoll und ganz in jenem Sinn antizipiert.

Von stärkster Wirkung ist der Stimmungswechsel, der sich am Ende dieser Szene vollzieht, wenn der fis-moll-Akkord des verklingenden Racheschwurs („Die ihr im süßen Schlaf verloren, wißt, daß für euch das Unheil wacht!") plötzlich von einem milden B-dur (Elsas Tonart, die Tonart der Keuschheit bei Wagner!) abgelöst wird. Die holdselig schlichte Melodie, die hier Elsas Gesang an den Zephir einleitet,

wird später zum Kernstück der großangelegten Musik des Hochzeitszugs.

Es ist nicht nötig, auf die blühend-innigen und gefühlsseligen Melodien einzugehen, mit denen Wagner die bräutliche Elsa so reich bedacht hat. Sie stehen und sprechen für sich selbst. Auch nicht auf den Morgen-Chor der Männer von Brabant („In Früh versammelt uns der Ruf..."), der uns ein Stück Liedertafel-Tradition überliefert. Dennoch darf nicht übersehen werden, daß auch in dieser so populären und ohrenfälligen Hochzeitsmusik eine Variationskunst waltet, welche bei aller Einfallsfülle den einheitlichen Kern nie ganz aus dem Auge verliert. So stellt beispielsweise die simple Heerrufer-Fanfare (Beispiel 3) das motivische Material für den ersten und dritten Teil der dreiteiligen Orchestereinleitung zum dritten Akt:

Und in dem Kopfmotiv des berühmten (leider allzu berühmten!) Brautchors findet sich die charakteristische Quarte des Grals-Motivs (des Gralsritters Hochzeit!):

Mit ihrer Umkehrung bildet diese Grals- bzw. Brautchor-Quarte dann im Liebesduett den Anfang einer süßen Liebesmelodie:

Fühl' ich zu dir so süß mein Herz ent-bren-nen

Bei Lohengrins ernster Mahnung „Höchstes Vertrau'n hast du mir schon zu danken!" aber bleibt von diesem Motiv nur noch der Rhythmus übrig; die Quarte hat sich zur Oktav geweitet:

Höch - stes Ver-trau'n hast du mir schon zu dan-ken

Auf eine besonders schöne und tonartlich sinnvolle Modulation sei in diesem Zusammenhang noch hingewiesen: Der Brautchor, in dem vom „Streiter der Tugend" und von der „Zierde der Jugend" gesungen wird, steht in der „keuschen Tonart" B-dur. Als dieser Chor verhallt, setzen sordinierte Streicher ein und vollziehen in einem einzigen Takt den Wechsel von B-dur nach E-dur, der Wagnerschen Liebes-Tonart,

welche Lohengrins Gesang — „Das süße Lied verhallt; wir sind allein, zum ersten Mal allein, seit wir uns sahn", die warm leuchtende Grundfarbe verleiht.

Eine Modulation ist es auch, auf der sich die Schlußwendung des dritten Aktes, die Lösung des Konflikts, vollzieht: Als Lohengrin im Begriff ist, seinen Nachen zu besteigen, erstarrt die Harmonik im fis-moll-Akkord, der Tonart Ortruds („Erfahrt, wie sich die Götter rächen, von deren Huld ihr euch gewandt!"). Da setzt, in Fis-dur, das Grals-Thema ein („Lohengrin sinkt zu einem stummen Gebet feierlich auf die Knie") und überführt die dämonische Tonart in die des Grals, nämlich nach A-dur, die erreicht ist, als Lohengrin den entzauberten Gottfried ans Ufer hebt („Seht da, den Herzog von Brabant, zum Führer sei er euch ernannt!").

Das decrescierende Lohengrin-Thema (Beispiel 8) schildert dann das langsame Entschwinden des Gralsritters. Eine sieben Takte während Wendung nach a-moll (Lohengrin-Thema) verleiht der Trauer, der Ernüchterung und dem tragischen Schicksal der Elsa beredten Ausdruck. Nach dem Weheruf des Chors aber wird erneut A-dur erreicht: in einem mächtigen, apotheotischen Anschwellen gibt das Grals-Thema dem Werk den verklärenden Ausklang.

Dieser Schluß beweist nochmals die dominierende Rolle des koloristischen Elements in der Musik zum „Lohengrin". Daß sie der Komposition eine gewisse Einseitigkeit verleiht, die sich, besonders im dritten Akt nach der Grals-Erzählung, durch einen Mangel an symphonischer Substanz und an großformaler Tragfähigkeit negativ bemerkbar macht, kann nicht überhört werden. Gleichwohl hat sich Wagner dadurch, daß er im „Lohengrin" alle Möglichkeiten des Koloristischen gleichsam experimentierend ausschöpfte, ein Rüstzeug erworben, dem in seinen folgenden musikdramatischen Werken elementare Bedeutung zufällt.

Der Ring des Nibelungen

„Der Ring des Nibelungen" ist eine gigantische künstlerische Vision vom Werden und Vergehen einer Welt. Ein rundes Vierteljahrhundert hat Wagner an diesem Werk gearbeitet - freilich mit einer über zehnjährigen Unterbrechung: Nach der Komposition des zweiten „Siegfried"-Aktes 1857 wandte er sich anderen Stoffen zu. Es entstanden „Tristan und Isolde" und „Die Meistersinger von Nürnberg". Erst 1869 nahm er die Kompositionsarbeit am „Ring" wieder auf.
Der gewaltige Zeitraum dieser Entstehungsgeschichte vom ersten Prosaentwurf „Der Nibelungen-Mythos" (1848) bis zur Vollendung der Partitur von „Götterdämmerung" (1874) hat aber auch bewirkt, daß die gesamte geistige Entwicklung Richard Wagners mit ihren politischen gesellschaftlichen und philosophischen Aspekten und Wandlungen in die Tetralogie Eingang fand. Bei den Evolutionen, welche das Wagnerbild in der wechselvollen Interpretationsgeschichte seit 1951 erfährt, spielt deshalb der „Ring" eine Schlüsselrolle. Und dabei bestätigt sich die Richtigkeit jener Einsicht, die George Bernard Shaw bereits 1898 in seiner lesenswerten Ring-Deutung „The perfect Wagnerite" zu Papier gebracht hat: „Vor allen Dingen ist der ‚Ring' ein Drama von heute und nicht das einer sagenhaften Vorzeit. Es hätte nicht vor der zweiten Hälfte des 19. Jahrhunderts geschrieben werden können, weil es sich mit Ereignissen befaßt, die gerade damals zum Abschluß gelangten."
Die riesige Dimension einer Tetralogie war nicht von Anfang an ins Auge gefaßt. Was den engagierten Republikaner Wagner 1848 zunächst faszinierte, war die Gestalt des Siegfried, in der er, bereits durchaus aktualisierend, das Sinnbild des zukünftigen, neuen, freien Menschen sah, der als Drachentöter die Welt vom Fluch des Kapitals (des „Goldes") befreit. So entstand als erstes das Libretto zu einer großen Helden-Oper „Siegfrieds Tod". Erst in der Schweiz, wohin Wagner 1849 nach dem Scheitern seiner politischen Aktivitäten fliehen mußte, kam ihm die Einsicht, daß der Nibelungen-Stoff für eine einzige Oper zu

umfangreich sei. Der rasch gefaßte Plan, „Siegfrieds Tod" durch ein davorgestelltes, heiteres Werk „Der junge Siegfried" zu ergänzen, erschien ihm alsbald ebenfalls unbefriedigend. Denn mittlerweile war er zu der Einsicht gekommen, daß sich seine dramatische Absicht nicht mit der Schilderung eines heroischen Einzelschicksals erschöpfen könne, sondern daß er das dahinter stehende Weltenschicksal als Ganzes zur Darstellung bringen müsse. So wuchs der Entschluß, den beiden Siegfried-Dramen noch ein drittes („Die Walküre") und viertes Werk ("Das Rheingold") voranzustellen.

Die geistige Wandlung Wagners vom aktiven Sozialromantiker und Anhänger der optimistischen Philosophie Feuerbachs zum resignierenden und weltflüchtigen Schopenhauerianer ist dabei in das Werk eingegangen, ohne daß der Bruch eklatant in Erscheinung tritt. Er wird jedoch sichtbar, sobald man zu der Einsicht gelangt, daß Siegfried seine messianische Mission nicht erfüllt, sondern ebenso scheitert wie Wotan. Die Wandlung von Wagners Weltverhältnis aber erhellt sich deutlich, wenn man die vier Schlüsse miteinander vergleicht, die er im Verlauf der Jahre der „Götterdämmerung" anprobiert hat. Im Textbuch der Heldenoper „Siegfrieds Tod" findet sich die politische Lösung, die Wagner zur Zeit der Dresdner Barrikadenkämpfe vorschwebte: Wotan (nämlich „der König, als erster Republikaner") wird neu inthronisiert. Mit dem toten Siegfried auf dem Walkürenroß sprengt Brünnhilde aus den Flammen nach Walhall und verkündet: „Einer nur herrsche: Walvater, Herrlicher, du!" - In einer zweiten Fassung hat der Feuerbachsche Gedanke einer Selbstbefreiung des Menschen von der göttlichen (dynastischen) Bevormundung über Wotan gesiegt. Brünnhilde: „Nicht Geld, noch Gut, noch herrische Pracht: Selig in Lust und Leid läßt die Liebe nur sein!" - Die dritte Version zeigt den Einfluß buddhistischen und schopenhauerischen Gedankenguts: In ihr läßt Brünnhilde Wunsch- und Wahnwelt zurück und strebt dem erlösenden Nirwana zu. - Die endgültige Schlußfassung hingegen bleibt offen. Götter und Heroen verbrennen. Das überlebende Gibichungenvolk erschaut ihren Untergang. Die Deutung verbleibt dem Interpreten.

Die mythologische Verbrämung zeitnaher Fakten und Aussagen macht dieses Werk in unabsehbarer Weise assoziationsfähig und vieldeutig. Für die Regisseure unserer Zeit bedeutet dies einen mächtigen Anreiz zu immer neuen Interpretationen, wobei sich im Wesentlichen zwei Grundhaltungen voneinander unterscheiden, einander ablösen oder womöglich auch durchdringen: Die mythologische Ring-Deutung arbeitet mit Symbolen, Archetypen und tiefenpsychologischen Einsichten und tendiert zur ideellen Überhöhung. Die realistische Deutung hingegen sucht in den mythologischen Elementen primär die Allegorie, hinter der sich Zeitgeschichtliches und unmittelbar Gegenwärtiges verbirgt. Die folgenden Erläuterungen sollen beide Möglichkeiten ins Auge fassen.

Rheingold

PERSONEN: W o t a n : hoher Baß (gr. P.); D o n n e r : hoher Baß (kl. P.); F r o h : Tenor (kl. P.); L o g e : Tenor (gr. P.); F r i c k a : tiefer Sopran (m. P.); F r e i a : hoher Sopran (kl. P.); E r d a : tiefer Sopran (kl. P.); A l b e r i c h : hoher Baß (gr. P.); M i m e : Tenor (m. P.); F a s o l t : hoher Baß (gr. P.); F a f n e r : tiefer Baß (m. P.); W o g l i n d e : hoher Sopran (m. P.); W e l l g u n d e : hoher Sopran (m. P.); F l o ß h i l d e : tiefer Sopran (m. P.).

Komponiert 1853—54

Uraufführung am 22. September 1869 in München

Die Tiefe des Rheins ist Sinnbild eines paradiessischen Friedens, der gestört wird, als sich der Zwerg Alberich mit seinem Liebesbegehren in das heitere Spiel der Rheintöchter drängt. Die Neckerei, mit der sich ihm die Nixen anbieten und verweigern, nimmt alsbald eine böse Wendung. Dem gefoppten Nöck wächst ein Hirn, das nach Macht giert, um die Ohnmacht seines Verlangens nach Lust zu kompensieren. Er raubt das Rheingold, dessen Leuchten die Tiefe wie eine Sonne erhellt und schmiedet sich daraus einen Ring, der als fatale Realität fortan symbolisiert, was als tragische Spaltung von Eros und Macht in vielfacher Brechung und Variation zum Schicksal aller Handelnden im „Ring" wird und damit auch zum Schicksal der Welt, die sie aufbauen und zerstören. Diese Spaltung von Eros und Macht ist das Generalthema der „Ring"-Handlung, welche das eröffnende Stück „Rheingold" aufstellt und welches dieser vorweltlichen Kriminalkomödie die tieftragischen Akzente gibt.

Die Rheintöchter sind naive, sinnliche Naturwesen einer weiblichen Hierarchie, die in der allwissenden Urmutter Erda gipfelt. Die Natur im „Ring" ist weiblich: passiv, empfangend, erduldend, leidend. In sie kehrt alles wieder zurück, was männlicher Machtwille geschaffen und zerstört hat. Sie erfüllt damit das unzerstörbare Urgesetz, dem alle unterstellt sind.

Der Raub des Goldes ist Bedingung des Werdens. Das wissen die Rheintöchter sehr wohl. Ihre Wächterfunktion besteht wesentlich darin, das Gold vor dem „falschen" Räuber zu bewahren, der Alberich auch tatsächlich ist. Er versteht sich nicht auf das Spiel der Liebe. Das Mißlingen seiner hastigen Werbung schlägt sofort in Haß um. Von den Mädchen weg richtet sich sein Begehren auf das Gold, über dessen Wert und Sinn ihm arglos Auskunft erteilt wird: „Der Welt Erbe gewänne zu eigen, wer aus dem Rheingold schüfe den Ring, der maßlose Macht ihm verlieh'." Und dazu noch die Bedingung: „Nur wer der Minne Macht versagt, nur wer der Liebe Lust verjagt, nur der erzielt sich den Zauber, zum Reif zu zwingen das Gold."

Diese orakelhafte Bedingung bedarf der Deutung. Wollte man ihren Sinn darin sehen, daß, wer Macht will, auf die Liebe verzichten muß, dann wäre das Gold schon von Anfang an der „böse" Gegenpol zur „guten" Liebe. Das verführt gelegentlich auch dazu, in dem Ring einen Zauberreif zu suchen, der er faktisch niemals ist. Denn der Verlauf der Handlung zeigt, daß dieser Ring keinem, der ihn trägt, Glück oder auch nur einen nennenswerten Vorteil bringt. Wo bleibt da die verheißene „maßlose Macht"? Es erweist sich vielmehr, daß der Ring selber gar nichts bewirkt. Faktisch ist der Ring nur ein Symbol, vergleichbar einer Herrscherkrone, begehrt und umkämpft wie sie. Sinn, Wirksamkeit, Kraft, Wert und Unwert gibt ihm nur der jeweilige Ringträger. Das umworbene Requisit bedeutet somit eine Herausforderung zu ethischer Bewährung.

Auffallend ist dabei die Parallelsymbolik zwischen Gold und Weib, denn beide erfahren die gleichen Schicksale. Der Raub des Goldes und seine Formung zum Reif sind ebenso wie die Inbesitznahme des Weibes ein notwendiger Gewaltakt. Dem Mann, der sich Gold und Weib gewinnt, bieten sich alle Möglichkeiten einer Herrschaft an: die materialistisch-gewaltsame ebenso, wie die einer humanen Formung des Lebens. Die merkwürdige Bedingung des Liebesverzichts findet sich ja nicht nur im „Ring". Wagner ist vielmehr vom „Holländer" bis zum „Parsifal" immer auf der Suche nach dem sittlichen Helden, der imstande ist, Macht und Liebe, Urmännliches und Urweibliches zu versöhnen und damit jene Wunde zu schließen, an der „die Welt" ebenso wie seine Helden leiden. Daß keiner der Ring-Helden imstande ist, diese Synthese zu vollziehen, gibt diesem Werk den Zug ins Tiefpessimistische.

Ein Blick auf die Kußszene im zweiten Akt „Parsifal" macht am ehesten deutlich, was es mit diesem Wagnerschen Liebesverzicht auf sich hat: Auch da muß ein Held „der Liebe Lust verjagen", um Königsmacht zu gewinnen. Aber dieser Held ist endlich – im Gegensatz zu Alberich und den anderen Helden im „Ring" – der Berufene, „Echte", der die Macht nicht mehr egozentrisch mißbraucht, sondern mit der Liebe zum Menschen versöhnt.

Der Liebesfluch, den Alberich am Ende dieser Szene ausstößt, spaltet somit ein fiktives Ideal „Macht u n d Liebe" in ein todfeindliches „Macht o d e r Liebe" und lädt damit alles weitere Geschehen mit einem Konfliktstoff auf, der als Parabel zu mannigfachen Assoziationen herausfordert.

Der ideale Anspruch „Macht u n d Liebe" ist auch das Grundproblem, an dem Wotan scheitert. Der Konflikt, in den dieser germanische Obergott bei Wagner gerät, indem er sich von den Riesen eine Burg (Machtsymbol!) bauen läßt, ihnen zum Lohn dafür Freia, die Göttin der ewigen Jugend (und der Liebe!) verspricht, sich dann aber weigert, diesen Lohn zu bezahlen, dieser Konflikt untersteht dem gleichen Problem, das Alberich durch seinen Liebesfluch gelöst hat. Wotan aber ist nicht imstande, eine solch eindeutige Entscheidung zu treffen. Er will Macht, ohne auf die Liebe zu verzichten und ist doch unfähig, dem Ernst ihres Anspruchs gerecht zu werden. Er verrät sie wie ein Spieler, der erst dann zu richtigen Einsichten gelangt, als er alles verspielt hat.

Insbesondere die Götterszenen im „Rheingold" erweisen, wie parabelhaft Wagner die mythologische Vorlage mit realen Konflikten und zeitnaher Psychologie aufgeladen hat. Diese Götter tragen durch und durch menschliche Züge, sie verkörpern den Egoismus, den Leichtsinn, die Gespaltenheit zwischen Macht und Ohnmacht, Wollen und Müssen, denen wir bei allen Herrschenden begegnen.

Gleichwohl bleibt die Verankerung im Mythos bestehen: In seinen Dialogen mit Erda ist Wotan das männliche Gegenüber der passiven Mutter Natur, und im Verhältnis zu seinem Erzfeind Alberich verkörpert er als „Lichtalberich" den Gott der Tageshelle gegenüber dem Fürsten der Nacht, „Schwarzalberich". Diese ständig wechselnde Optik zwischen Allegorie und Mythologie gibt der Dichtung die reizvolle Tiefendimension.

So ist Wotan einerseits göttlicher Gesetzgeber der von ihm beherrschten Welt, andrerseits aber auch Exponent des romantischen, wagnerschen (!) Individualismus, dessen Tatendrang Selbstzweck ist, ausschweifende Unruhe, abenteuernde Rastlosigkeit. Bezeichnend, daß er nur mit geschlossenen Augen, nur im Traum, sein ideales Walhall erschaut. Von Fricka aus dem Traum gerissen, erlischt sofort aller Glanz. Der nahezu bürgerliche Alltag eines in gefährliche Geschäfte verstrickten Unternehmers beginnt mit Ärgernissen aller Art: eheliche Vorwürfe, unbezahlte Schulden, lästige Verträge, die ihm das „herrliche Spiel" stören, das ihm „Wandel und Wechsel" verschaffen.

Nun steht diesem unweisen Gott ein Berater zur Seite, auf den alle Attribute des Weltwissens zutreffen: Loge, der listenreiche Loki der Edda, das Hirn, das sich Wotan dienstverpflichtet hat. Loge genießt kein gutes Ansehen im Kreise der Erhabenen: Er wird beargwöhnt, verachtet und dennoch dringend benötigt, denn seine Ratschläge scheinen das Unmögliche möglich zu machen. Bedingt ist sein Alleswissen durch die eigene Bindungslosigkeit. Wie die moderne Naturwissenschaft ist seine Intelligenz zweckfrei und verfügbar – zum Guten wie zum Bösen. Wo ihn ein starker Wille bindet, gibt er sich gefügig. Sobald dieser Wille kraftlos wird, bricht er aus und zerstört: Ein gefährlicher Grenzgänger zwischen den Hierarchien, der inmitten dieser begehrlichen Göttergesellschaft zwangsläufig als Verführer erscheinen muß. Und dennoch ist er nicht ohne Bindung zum Naturhaften: Das Schicksal der beraubten Rheintöchter wird von ihm – sei's auch ironisch – tief beklagt.

Loge hat Wotan geraten, den Bauvertrag mit den Riesen abzuschließen und sich gleichzeitig erboten, einen Ersatz für den geforderten Lohn (für Freia, für die Liebe!) zu suchen. Jetzt, da bezahlt werden soll, berichtet er mit einer warmherzigen Huldigung an die begehrte Freia, daß er auf seiner Weltfahrt nichts gefunden habe, was dem Mann „Weibes Wonne und Wert" ersetzen könne, fügt aber sofort beiläufig hinzu: „Einen sah ich, der sagte der Liebe ab. Um rotes Gold entriet er des Weibes Gunst!"

Der Gedanke, daß Gold und Liebe austauschbar seien, schlägt wie ein Blitz in die Hirne dieser ratlosen Versammlung. Die Lösung der Kalamität scheint greifbar nahe. Nur vergißt Wotan bezeichnenderweise das Nächstliegende, wenn er spontan beschließt: „Den Ring muß ich haben!" Denn nun muß er zum ersten Mal erfahren, daß seinen Wünschen Grenzen gesetzt sind, daß ihm eine Entscheidung, die Alberich in seiner Weise getroffen hat, selbst aufgezwungen wird: Als die Riesen Freia als Geisel entführen, erscheinen die Götter plötzlich „alt und grau". Und Wotan begreift, daß seine Göttlichkeit nichtig ist, wenn ihr die Liebe als Garantin der ewigen Jugend verlorengeht. Er muß Alberich des Rings und seiner Schätze berauben, um Freia wiederauszulösen.

In Nibelheim erschauen Wotan und Loge eine versklavte Welt. Der Sinn des Goldes, das dort geschürft wird, hat eine totale Umwandlung erfahren. War es ursprünglich Schmuck für die Weiber, „lustig Geschmeid", so ist es nunmehr für den Tyrannen

Alberich zum Machtmittel geworden, um die Weltherrschaft zu gewinnen. Jammernd berichtet Mime, der Bruder Alberichs, von dem verlorenen Glück. Und mit erschreckender Eindeutigkeit verkündet Alberich sein weltpolitisches Konzept: „Wie ich der Liebe abgesagt, alles was lebt, soll ihr entsagen! Mit Golde gekirrt, nach Gold nur sollt ihr noch gieren! Habt Acht vor dem nächtlichen Heer, entsteigt des Niblungen Hort aus stummer Tiefe zu Tag!" - Von Loge verführt, mit den Möglichkeiten seines Tarnhelms zu prahlen, wird er Opfer eines listigen Schelmenspiels. Die Eindringlinge überwältigen ihn und schleppen ihn gefesselt in die Oberwelt, wo er sich freikaufen muß.
Das Feilschen um Hort, Tarnhelm und Ring, den Wotan seinem Gefangenen schließlich vom Finger reißt, zeigt den fragwürdigen Gott auf der höchsten Stufe blinder Gewalttätigkeit. Für eine kurze Zeitspanne hält er sich als Ringbesitzer für „der Mächtigen mächtigsten Herrn". Die sehr bedenkenswerte, sehr wahre Mahnung Alberichs - „Hüte dich, herrischer Gott! Frevelte ich, so frevelt' ich frei an mir: doch an allem was war, ist und wird, frevelst, Ewiger, du, entreißest du frech mir den Ring!" ignoriert er ebenso wie den Fluch, mit dem Alberich abschiednehmend seinen Ring belastet: „Wer ihn besitzt, den sehre die Sorge, und wer ihn nicht hat, den nage der Neid! Jeder giere nach seinem Gut, doch keiner genieße mit Nutzen sein!... Den Würger zieh' er ihm zu... bis in meiner Hand den Geraubten ich wieder halte!" Das ist kein Fluch im Sinne eines Zauberspruchs, sondern die zur Formel verdichtete Wahrheit über die Virulenz des Goldes in Menschenhand. Mit diesem zweiten „Fluch" bleibt Alberich als immerwährende Bedrohung im Spiel. Sein Liebesfluch in der ersten Szene bekommt damit die Fernwirkung einer Ideologie.
Wotans Teil aber wird die Sorge um die Zukunft. Als die Riesen den symbolischen Tausch von Gold und Liebe real vollziehen, indem sie Freia mit dem Hort Alberichs aufmessen und dann von Wotan auch noch den Ring verlangen, riskiert er die Katastrophe: „Alles gewähr' ich, um alle Welt doch nicht fahren lass' ich den Ring!"
Da erscheint ihm die Antipodin des Urmännlichen, die Urmutter

Erda, und mahnt ihn an die Vergänglichkeit allen Seins, an den ethischen Anspruch einer Göttlichkeit auch im Angesicht des Untergangs. Archetypisch versinnbildlicht diese Szene die Konfrontation eines Menschen mit dem Gedanken an den Tod. Wotan ist davon so betroffen, daß er den Ring von sich schleudert und damit das Unheil in die Welt wirft. Der Fluch erfüllt sich auch sofort: Fasolt wird von Fafner totgeschlagen. Die Kain-Abel-Tragödie klingt hier an.

Die beiden Riesen sind einer Sonderbetrachtung wert: Zwischen der aristokratischen Herrscherkaste der Asen und dem Parvenü aus Nibelheim verkörpern sie einen quasi bürgerlichen Mittelstand: Fleißige Handwerker, die mit ihrer ursprünglichen Lohnforderung nach Freia eigentlich nichts anderes wollen als einen Zugewinn an Behagen und Sicherheit. Bedroht und bedrängt von zwei ihnen geistig überlegenen Kasten, den Tücken Alberichs und der Arroganz der Götter, muß es ihnen ratsam erscheinen, diesen Göttern ein ihnen wesentliches Element der Überlegenheit abzugewinnen. Sicherheit wünscht sich Fafner, der seinem Bruder zuraunt: „Alt und schwach schwinden sie hin, müssen Freia sie missen." Vom Behagen träumt Fasolt: „Ein Weib zu gewinnen, das wonnig und mild bei uns wohne." So werden Sicherheit und Behangen zu grotesken verbürgerlichten Varianten von Macht und Liebe. Freilich möchte Fasolt noch mehr als Behagen: Er hat sich in die Göttin verliebt und will sich durch ihren Besitz zu den Göttern emporadeln, die er ebenso bewundert wie verachtet. Denn von ihm muß sich Wotan sagen lassen: „Die ihr durch Schönheit herrscht, schimmernd hehres Geschlecht, wie törig strebt ihr nach Türmen von Stein, setzt um Burg und Saal Weibes Wonne zum Pfand!"

Aber der Wunsch nach Sicherheit und Behagen potenziert sich auch bei den Riesen zum Grundkonflikt „Macht oder Liebe", deren Vertauschbarkeit Fasolt mit dem Leben bezahlen muß. Der Brudermörder Fafner hingegen reißt die eingetauschten Schätze, Hort, Tarnhelm und Ring, an sich und entzaubert sie zu bloßem Besitz. Hinter dem mythologischen Riesen, der sich konsequent in einen Drachen verwandeln wird, steht ein archaischer Spießbürger, dessen tatenloses, sinnentleertes Dasein spä-

ter durch die Aussage fixiert wird: „Ich lieg' und besitz' - laß mich schlafen!"
Das Naturschauspiel des Gewitterszaubers, das die beiden (komödiantisch konzipierten) Mitgötter Donner und Froh inszenieren, um Wotan zu erheitern, hellt den Schluß des Stückes auf. Die Schatten des heranziehenden Unheils aber bleiben präsent. Sie tönen aus der Klage der Rheintöchter um das verlorene Paradies und noch deutlicher aus dem Schlußkommentar Loges, der sich dem Zug der Götter gen Walhall nicht anschließt: „Ihrem Ende eilen sie zu, die so stark im Bestehen sich wähnen.... Fast schäm' ich mich, mit ihnen zu schaffen; zur leckenden Lohe mich wieder zu wandeln, spür ich lockende Lust: sie aufzuzehren, die einst mich gezähmt, statt mit den Blinden blöd zu vergehn.... Bedenken will ich's - wer weiß, was ich tu'!" - Das ist die Absage der Natur an eine Titanenkaste, welche die ihr angebotenen unendlichen Möglichkeiten - nämlich Ewige Jugend (Freia), Macht (Ring) und Wissen (Loge) - nicht besser zu nützen weiß, als zu ihrem eigenen Unheil.

Walküre

PERSONEN: S i e g m u n d : Tenor (gr. P.); H u n d i n g : Baß (m. P.); W o t a n : hoher Baß (gr. P.); S i e g l i n d e : Sopran (gr. P.); B r ü n n h i l d e : Sopran (gr. P.); F r i c k a Mezzosopran (m. P.); W a l k ü r e n : Gerhilde, Ortlinde, Helmwige, Waltraute, Siegrune, Grimgerde, Schwertleite, Roßweiße: Sopran und Alt (kl. Pn.).

Komponiert 1854—56
Uraufführung am 26. Juni 1870 in München

Die Begegnung mit Erda in der vierten Szene von „Rheingold" hat die blinde Aktivität von Wotans Machtgier zerstört. Seit jenem Augenblick weiß er um die Endlichkeit seiner Existenz.

Die Spontaneität der Jugend ist dahin. Der „alternde Gott" - ein Widerspruch in sich selbst, der uns beweist, wie parabelhaft Wager seine Götter konzipiert hat - muß daran denken, sich einen Welterben zu schaffen, in dem er überleben kann: einen Helden aus dem Menschengeschlecht, einen Sohn, der zugleich die Schuld tilgt, die sich Wotan aufgeladen hat, indem er die Riesen mit dem von Alberich geraubten Ring bezahlt hat. Denn als Schöpfer einer auf Verträgen fußenden Ordnung kann er Fafner den weltbedrohenden Ring nicht wieder abnehmen. Im Banne des Feuerbachschen Atheismus hat Wagner dieses Problem in seinem Prosa-Entwurf „Der Nibelungen-Mythos" folgendermaßen formuliert: „In den Menschen suchen sie also ihre Göttlichkeit zu übertragen, um seine Kraft so hoch zu heben, daß er, zum Bewußtsein dieser Kraft gelangend, des göttlichen Schutzes sich selbst entschlägt, um nach eigenem freien Willen zu tun, was sein Sinn ihm eingibt. Zu dieser hohen Bestimmung, Tilger ihrer eigenen Schuld zu sein, erziehen nun die Götter den Menschen, und ihre Absicht würde erreicht sein, wenn sie in dieser Menschenschöpfung sich selbst vernichteten, nämlich in der Freiheit des menschlichen Bewußtseins ihres unmittelbaren Einflusses sich selbst begeben müßten."
Das zentrale Thema der „Walküre" ist deshalb die Selbstbefreiung des Menschen von der göttlichen Vormundschaft und das promethäische Erwachen der Liebe zum Menschen, wie es durch Brünnhildes Entscheidung im zweiten Akt vorgeführt wird.
Um sich seinen Heldenwunsch zu erfüllen, hat Wotan mit einem Menschenweib ein Zwillingspaar gezeugt. Als Vater „Wälse" hat er den Sohn Siegmund zum Rebellen wider die Götter und die Gesetze der Menschen erzogen und ihn ebenso wie Sieglinde, die Schwester, einem traurigen Schicksal überantwortet: Sieglinde wurde geraubt und einem Mann (Hunding) gegeben, den sie nicht liebt, Siegmund kämpft sich als friedloser Außenseiter durch die Welt. Von ihrer göttlichen Abkunft wissen beide nichts. Und doch hält der Gott heimlich die schützende Hand über sie: Bei Sieglindes Hochzeit mit Hunding ist er als ungebetener Gast erschienen und hat ein Schwert in einen Eschenstamm gestoßen, das den Sohn dereinst in höchster Not beschützen soll.

Das Widersprüchliche, die Tendenz zum Selbstbetrug, die Wotan eignet, offenbart sich auch in dieser Tat: Er will einen freien Menschen, dessen Existenz letztlich doch von seinem Wohlwollen abhängig bleibt. Er will die Zukunft auch dann noch manipulieren, wenn sie sich scheinbar von ihm gelöst hat. Zu Recht zeiht ihn Fricka im zweiten Akt der Lüge, wenn sie ihm vorhält: „Was Hehres sollten Helden je wirken, das ihren Göttern wäre verwehrt, deren Gunst in ihnen nur wirkt?" Der konservativen Exponentin eines göttlichen Absolutismus muß Wotans halbherzige Ausschweifung zum Menschen als tödliche Kränkung erscheinen, weshalb sie denn auch den Kopf des rebellischen „Knechtes" Siegmund fordert.

So werden Schuld und Konflikt der Götter zur Tragödie der Menschen. Als der verwundete Siegmund in Hundings Haus Sieglinde wieder begegnet, erkennen beide einander nicht. Aber ihr Unglück gibt ihnen die Ahnung einer Gemeinsamkeit. In den Erzählungen Siegmunds vom Vater Wälse und in Sieglindes Bericht von dem Greis, der das Schwert in den Eschenstamm gestoßen hat, wächst dieses Bewußtsein bis zum Liebesbekenntnis und noch weiter bis zum Erkennen, daß sie als Bruder und Schwester vollbewußt den äußersten Gesetzesbruch, den Inzest, vollziehen.

Die Ehe, in die Siegmund einbricht, als er Hundings Haus betritt, weist eine Konfliktsituation auf, wie wir ihr auch bei Ibsen und Strindberg begegnen. In der patriarchalischen Männerwelt, der Hunding angehört, setzen Ehre, Besitzstand und Beziehungen zu honorigen Sippen alle Maßstäbe. Die Frau lebt im Schattendasein einer häuslichen Sklavin. Das Leitmotiv der Lieblosigkeit, das ja auch in Wotans Ehe anklingt und das sich dort, wie die Szene im zweiten Akt erweist, bis zur unversöhnlichen Gegnerschaft versteinert, bekommt in dem psychologischen Realismus der Hundingszenen seine bürgerliche Variante. Daß der Eindringling Siegmund sich auf keine Protektion berufen kann, daß er nicht einmal seinen Namen nennt und sich stattdessen die Namen seiner Schicksale gleichsam anprobiert („Friedmund darf ich nicht heißen, Frohwalt möcht' ich wohl sein: doch Wehwalt muß ich mich nennen"), macht Hunding sofort mißtrauisch.

Und er begreift sehr rasch, daß er es hier nicht bloß mit einem potentiellen Rivalen zu tun hat, sondern mit dem anarchischen Feind von Gesetz und Ordnung schlechthin. Er gewährt ihm das Gastrecht für eine Nacht, kündigt ihm aber gleichzeitig für den nächsten Tag den Kampf auf Leben und Tod an.

Wie sich im „Ring" der zeitkritische Realismus seiner Entstehungszeit und Mythologie durchdringen, macht der Augenblick deutlich, da in der Liebesszene die Hüttentür aufspringt und das Mondlicht hereinflutet: Das bürgerliche Milieu weitet sich damit zur universalen Handlungsdimension. Die Natur, mit aller ihr zugehörigen Leitmotivik, segnet den Frevel, der hier vollzogen wird und gibt ihm mythologischen Rang.

Wotan hat diesen Inzest heimlich gewünscht. Gegenüber Fricka verteidigt er freudig das, "was noch nie sich traf". Aber ihrem Vorwurf des Selbstbetrugs, der in diesem Ausbruchsversuch steckt, kann er sich nicht entziehen. Er muß bestrafen, was er initiiert hat. Damit bricht seine Wunschwelt zusammen. Die Unabhängigkeit von der göttlichen Bevormundung gewinnt sich das Wälsungenpaar deshalb noch nicht mit der inzestuösen Liebesvereinigung, sondern dann, als Wotan die schützende Hand von ihnen abgezogen hat und sie dennoch das Schicksal annehmen, das ihrer Liebe bestimmt ist. Ihre Tragödie aber löst Mitleid aus. Sie gewinnen sich eine Verbündete aus dem göttlichen Bereich: die Wotanstochter Brünnhilde.

Brünnhilde ist bei Wagner die Tochter Wotans und Erdas. In der Sorge um die Zukunft, so erfahren wir, ist Wotan zur Urmutter hinabgestiegen, um Genaueres vom Ende der Götter zu erfahren, das sie ihm in der vierten „Rheingold"-Szene orakelhaft angedeutet hat. Sie hat ihm eine Tochter geboren. In Walhall wächst Brünnhilde zusammen mit acht Walküren auf, die sie „Schwestern" nennt, deren Herkunft aber bei Wagner im dunkeln bleibt. Diese Walküren sind von Wotan dazu ausersehen, die toten Helden auf den Schlachtfeldern der Menschen nach Walhall zu geleiten, damit sie dort als göttliche Heerschar für den Endkampf, das nordisch Ragnarök, bereitstehen. Dies ist eines jener Rudimente aus der Mythologie, denen im Drama keine weitere Bedeutung zuwächst. Wichtig hingegen ist die psy-

chologische und dramaturgische Konstellation, die Wagner den Walküren zuweist: Als weibliche Leibgarde bringen sie dem Schlachtenlenker absoluten Gehorsam entgegen. Ihre militante Jungfräulichkeit kennzeichnet elitäre Arroganz. Denn ihr makabrer Auftrag macht sie fühllos für menschliches Leid. Sie kennen den Mann nur in der heroischen Attitüde des todgeweihten Kämpfers. Ihr Verhältnis zum Leben ist pervertiert.
Brünnhilde aber ist zunächst ganz ihres Sinnes und Wesens. Freilich besitzt sie als die einzige Vertraute Wotans eine Ausnahmestellung. Sie kennt seine Sorgen und heimlichen Wünsche und fühlt sich dadurch als Teil seiner selbst: „Wer bin ich, wär' ich dein Wille nicht?"
Diese psychologische Ausgangssituation ist wichtig, um das Ausmaß der Wandlung zu verstehen, die sich in Brünnhildes Denken vollzieht. Sie weiß, welche Sympathie Wotan seinem Helden Siegmund entgegenbringt, und empfängt als Walküre jubelnd den Auftrag, Siegmund im Kampf gegen Hunding zu schützen. Als ihr Wotan später verkündet, daß Siegmund fallen muß, reagiert sie entsetzt und trotzig, wird aber sofort und mit wütender Heftigkeit in die Schranken gewiesen. So tritt sie traurig aber gehorsam vor Siegmund hin und verkündet ihm, daß er sterben muß und daß das Siegschwert, das er sich gewonnen hat, wertlos ist. Da wird ihr eine ungeahnte Erfahrung zuteil: Der Mann, dem sie tröstend ein seliges Jenseits verheißt, weist ihr Angebot verächtlich zurück. Die Frau, die er liebt, bedeutet ihm mehr als der unbekannte Gott, der ihn so schmählich im Stich läßt.
Dieses Erlebnis bedingungsloser Liebe überwältigt Brünnhilde. Spontan stellt sie sich auf die Seite der Liebenden und verspricht Siegmund, ihn gegen den Befehl Wotans zu schützen. So muß der Gott selbst in den Kampf eingreifen und seinen Lieblingshelden vernichten. Der göttliche Absolutismus ist damit im Begriff, sich selbst zu zerstören. Aber der promethäische Gedanke der Menschenliebe, den die Tragödie der Wälsungen initiiert hat, gewinnt sich in Brünnhilde Zukunft.
Die abtrünnige Walküre löst panisches Entsetzen aus, als sie, anstatt mit einem toten Helden, mit einem schutzbedürftigen Weib

im Kreise ihrer Schwestern erscheint und Mitleid fordert. Mit der Verheißung: „Lebe, o Weib, um der Liebe willen: ein Wälsung wächst dir im Schoß!" reißt Brünnhilde die sterbensmüde Sieglinde ins Leben zurück und weist ihr ihre Aufgabe zu. Aber damit löst sie sich auch aus dem Kreis der Walküren, die diesem Weib, das gebären soll, mit jungfräulicher Abscheu begegnen und unfähig sind, zu verstehen, was Brünnhilde getan hat. Nur die Angst vor Wotans Zorn macht sie geneigt, dem Weib einen Fluchtweg zu weisen und Brünnhilde zu verbergen, als der Gott heranstürmt, um die Verräterin zu bestrafen.
Die Strafe, die Wotan plant, richtet sich gegen ihn selbst. Indem er Brünnhilde, seine einzige Vertraute, in Schlaf versenken will, aus dem sie jeder, der des Weges kommt, erwecken und zum Weib nehmen kann, möchte er auch seine eigenen Hoffnungen begraben. Nun aber erfährt er, daß seine Utopie vom freien Menschen, endlich losgelöst von ihm, in dem abtrünnigen Lieblingskind weiterlebt. In dem immer klarer werdenden Bewußtwerden ihrer Sendung weiß sie auch, daß die Trennung vom Vater unvermeidlich ist, daß sie mit ihrer Zuwendung zum Menschen die Zukunft in ihre Hände genommen hat und daß sie sich dieser Zukunft erhalten muß. Vor dieser Erfahrung zerbricht Wotans selbstzerstörerischer Starrsinn. Überwältigt schließt er sein „kühnes, herrliches Kind" ein letztes Mal in die Arme und erfüllt ihm seinen Wunsch: Er entzündet ein Feuer, das die Schlafende beschützen soll. Und nur der eine soll dieses Feuer durchbrechen können: Das Kind, das Sieglinde gebären wird, der Wälsungensohn Siegfried, „der freier als ich, der Gott."

Siegfried

PERSONEN: Siegfried: Tenor (gr. P.); Mime: Tenor (gr. P.); der Wanderer: Baß (gr. P.); Alberich: Baß (m. P.); Fafner: Baß (m. P.); Erda: Alt (m. P.); Stimme des Waldvogels: Sopran (kl. P.).

Komponiert 1856—71
Uraufführung am 16. August 1876 in Bayreuth

Die Siegfriedgestalt in Wagners Nibelungen-Tetralogie trägt zwar den Namen und erlebt die Schicksale des Sonnenhelden der nordischen Mythologie. Aber ihre Psychologie weist sie eindeutig als eine Gestalt des 19. Jahrhunderts aus, befrachtet mit dessen Ideen und Konflikten, ähnlich wie der Wagnersche Wotan. Das gibt ihr, jenseits der heldischen Attitüde, an der Wagner gleichwohl festhält, eine faszinierende Aktualität.
Der Dresdner Barrikadenkämpfer Wagner hat in diese Gestalt die sozialromantische Hoffnung auf den „neuen", den freien Menschen der Zukunft hineingeträumt, der den Fluch des Kapitals überwindet. Ebenso findet sich in ihm die Rousseausche Wunschvorstellung eines Naturkinds ohne historische und zivilisatorische Bindungen, und nicht zuletzt der schrankenlos frei handelnde Individualist, der mit Nietzsches „Blonder Bestie" identisch ist. Mit alledem aber verbindet sich Wagners private Künstlersehnsucht nach einem glücklichen Menschen. Für ihn war Siegfried „der männliche Geist der ewig und einzig zeugenden Unwillkür, des Wirkers wirklicher Taten, des Menschen in der Fülle höchster, unmittelbarster Kraft und zweifellosester Liebenswürdigkeit." Diese Anhäufung von Superlativen (auch im Textbuch!) bezeugt am stärksten, wie blind Wagner in sein Geschöpf verliebt war. Gleichwohl bleibt die ihm zugeträumte Kometenbahn des „herrlichsten", „hehrsten", „stärksten" Helden der Welt eine Utopie. In seiner Eigengesetzlichkeit geht Siegfrieds Weg nach unten. Er endet nicht als „Erlöser", sondern als ahnungsloses Opfer einer Verstrickung. Das hohe Ziel, das Wagner

vorschwebte, konnte erst mit einem zweiten Helden-Versuch, mit Parsifal, glaubhaft verwirklicht werden.

Vieldeutig und hintergründig wie die Titelgestalt ist auch die Handlung von „Siegfried". Man wird ihr keinesfalls gerecht, wenn man den ersten und zweiten Akt mit den gängigen Schlagworten „Märchenidylle" und „Scherzo" verharmlost. Dieses Werk gründet sehr viel tiefer. Von allen Ring-Dramen ist es am meisten mit analytischer Psychologie durchsetzt. Mit den Ahnungen und Sehnsüchten seines zur Mannheit erwachenden Siegfried hat Wagner einen regelrechten Entwicklungsroman dramatisiert. Ferner werden im „Siegfried" Vergangenheit und Zukunft der fortschreitenden Ring-Handlung in einer höchst grotesken Weise miteinander verzahnt. Wenn man dem Helldunkel aus heiterer Lebenskraft und absichtsloser Grausamkeit überhaupt die Bezeichnung „Komik" zubilligen will, dann resultiert diese Komik aus der Reibung zwischen den Exponenten des Gestern mit dem „neuen" Menschen: Der junge Siegfried wächst in einer Gesellschaft von Greisen auf. Jeder, dem er begegnet, ist alt. Und jeder dieser Alten möchte den Jungen manipulieren, um ihn den eigenen Absichten nutzbar zu machen. In jedem Gespräch, das Siegfried führt, hebt sich ihm ein pädagogischer Zeigefinger: Mime möchte ihn zur Kindesliebe erziehen, Wotan mahnt den Enkel werbend an dunkle Blutzusammenhänge, und auch von dem sterbenden Drachen Fafner kommt ihm die Mahnung: „Merk' wie's endet! Acht' auf mich!" – Das Leitmotiv der pädagogischen Belehrung taucht sogar in der Schlußszene des dritten Aktes auf, wo Brünnhilde den feurigen Werber mit dem Wissen um eine Vergangenheit beglücken will, das ihn nicht interessiert. Denn dieser Siegfried ist – darin tauchen unübersehbar autobiographische Züge Wagners auf – ähnlich wie beim Stolzing! – der Prototyp des „schlechten Schülers", nämlich eines Menschen, der nur der eigenen Intuition vertraut. Tatsächlich ist Siegfrieds einziger wirklicher Gesprächspartner die Natur. Sie umtost ihn mit Inspirationen. Die Alten hingegen, die zu ihm sprechen, stoßen ihn ab. Er empfindet sie als lästig, heimtückisch und verlogen.

Siegfried ist somit in eine Zwischenperiode hineingeboren, in der die mythologische Vorzeit abstirbt: Götter, Riesen, Zwerge, die zum Teil mächtigen Protagonisten von „Rheingold" und „Walküre", beginnen bedeutungslos zu werden. Sie sind inaktiv geworden und haben sich vereinzelt. Wotan zieht palavernd als Wanderer durch die Welt. Der entmachtete Alberich lauert als Waldschratt vor Fafners Höhle, um den Augenblick des Ringwechsels nicht zu versäumen. Mime, der seiner Fuchtel ausgekommene, unbedeutende Bruder, lebt als einsamer Schmied im Wald. In seiner Höhle hat die sterbende Sieglinde Siegfried zur Welt gebracht, und der im Weltenklatsch erfahrene, hellhörige Mime hat begriffen, welch ungeheure Chance ihm da zugefallen ist. Dieser Ziehsohn, der seine Eltern nie gekannt hat, dem er einreden möchte, er sei ihm „Vater und Mutter zugleich", soll dereinst den Drachen töten und ihn, zum Dank für die Aufzucht, mit Ring und Hort, den Insignien der Weltherrschaft, belohnen.

Die Aufwertung, die Mime erfährt, indem ihn Wagner zwei Akte hindurch zu einer Hauptgestalt erhebt, entspringt ganz sicher einer musikalischen Idee: Mime ist der groteske Kontrapunkt Siegfrieds. Er ist schlau und vielwissend, Siegfried ist torenhaft unwissend, aber dafür intuitiv begabt, was Mime nicht ist. Deshalb ist er auch nicht imstande, das zerbrochene Wotansschwert, das ihm Sieglinde als einziges Vatererbe ausgehändigt hat, neu zu schmieden. Instinktiv errät Siegfried, daß der ihm widerwärtige Zwerg nicht sein Vater sein kann und prügelt schließlich das Geheimnis seiner Abkunft aus ihm heraus. Spontan begreift er auch, daß dieses Schwert die Waffe ist, nach der sein Tatendurst verlangt. Und da sich Mime für außerstande erklärt, die Trümmer wieder zusammenzufügen, geht er schließlich selbst ans Werk. Seine Schmiedearbeit wird wiederum konterkariert durch Mime, der zu gleicher Zeit einen Betäubungstrank braut, mit dem er Siegfried nach dem Drachenkampf aus dem Wege räumen will.

Zuvor aber hat sich Ungeheuerliches ereignet: Dem ratlos in seiner Höhle kauernden Mime ist der wandernde Gott, der ursprüngliche Schöpfer des Schwerts, erschienen und hat ihm seinen Rat in Form einer Wissenswette angeboten. Aber in seiner kleinbürgerlich anmutenden Engstirnigkeit fragt Mime nicht nach dem, was er so dringend wissen müßte, sondern wagt es, das eigene Wissen gegen das Wotans auszuspielen. Indem Wotan danach mit grausamer Ironie den Spieß umdreht und Mime seinerseits drei Fragen stellt, muß dieser vor der dritten - „Wer wird aus den starken Stücken Notung, das Schwert, wohl schweissen?" - kapitulieren. Damit hat Mime seinen Kopf verwettet, den Wotan orakelhaft an den verfallen läßt, „der das Fürchten nicht kennt" und der auch als einziger imstande ist, die Trümmer wieder zusammenzufügen.

Es ist eine dramaturgische Besonderheit der „Siegfried"-Handlung, daß sie aus lauter Dialogen besteht, die häufig von kurzen Monologen eingeleitet und beendet werden. Als Kernstücke fungieren darin die vier Wanderer-Dialoge. Der erste davon ist die Szene der Wissenswette. Der zweite (zweiter Akt) ist die Begegnung mit Alberich vor der Drachenhöhle, in dem sich die beiden einstigen Antipoden im Machtkampf dicht an der Schwelle zu einer neuen Zeit ihre einstigen Untaten vorwerfen und in dem sich Wotan mit ironischer Überlegenheit erbötig macht, den Drachen aufzuwecken, damit Alberich versuchen möge, ihm den Ring abzuschwatzen. Ein groteskes Rendez-vous zweier Veteranen vor einer entscheidenden Zeitenwende, das damit endet, daß der Drache Fafner jegliches Vermittlungsangebot ausschlägt. Der archaische Spießbürger, wie wir ihn nannten, hat, was er wollte und will nichts mehr: „Ich lieg' und besitz' - laß mich schlafen!" Mit der Tötung des Drachen befreit Siegfried die Nibelungenschätze und entzieht sie zugleich dem Zugriff neuer Gier: Die keifend auf der Lauer liegenden beiden Nibelungen-Brüder gehen leer aus. Der Genuß des Drachenblutes, das er mit der davon brennenden Hand an die Lippen führt, hat Siegfried in einer märchenhaften Weise inspiriert: Er versteht die Sprache eines prophetischen Waldvogels, der ihm rät, Ring und Tarnhelm an sich zu nehmen, der ihn vor Mimes heuchlerischer Anbiederung warnt, so daß er dessen Lügen durchschaut und den einstigen Ziehvater sogar niedersticht, und der ihm schließlich die Erfüllung seiner Sehnsucht verheißt, indem er ihn auf den Weg zu der auf dem Felsen schlafenden Brünnhilde weist.

Seinen dritten Dialog führt der Wanderer zu Beginn des dritten Aktes mit der Erda. Er ist von ungeheuer ernster Tragweite. Denn mit ihm endet die Welt von gestern. Als „Weckrufer" allen Lebens tritt uns Wotan hier noch einmal in seiner mythologischen Bedeutung entgegen. Das Urmännliche, der Wille, entreißt das Urweibliche dem wissenden Schlaf. Tat und Traum, Tag und Nacht, Gott und Göttin halten Altersabrechnung. Von Zukunftsangst geplagt, fragt Wotan die Allwissende, wie man „ein rollendes Rad hemmen" könne. Aber die Beziehung, die es einst zwischen diesen beiden Exponenten der geschlechtlichen Polarität gegeben hat, ist tot. Die Altzeit des göttlichen Waltens ist ebenso zu Ende, wie die des Träumens in mythischen Gesetzen. Die ideale Einheit von Weisheit und Willen ist gescheitert. In äußerster Erregung werfen sich Greis und Greisin gegenseitig ihr Versagen vor. Erda: „Du bist nicht, was du dich nennst!" - Wotan: „Du bist nicht, was du dich wähnst! Urmütterweisheit geht zu Ende..." Kein Rat ist mehr möglich und kein Gespräch. Wotan schickt die Urmutter zurück in die Tiefe, „zu ewigem Schlaf". Es ist alles zu Ende. Und sein trotziges Bekenntnis „Dem ewig Jungen weicht in Wonne der Gott" ist mit dem Blick auf die folgende Szene nicht anders deutbar als eine verzweifelte Flucht ins Gefühl. Denn nach seiner Verurteilung durch Erda steht Wotan nun auch die physische Niederlage bevor.

Diese vierte Wanderer-Szene bringt endlich die Begegnung mit Siegfried, der im Begriff ist, Brünnhildes Felsen zu ersteigen. Diese Szene beginnt gemütlich, mit einer heiteren Plauderei. Der Alte fragt den Jungen nach seinem Woher und Wohin, muß aber rasch erfahren, wie grob der ahnungslose Enkel werden kann und wie zuwider ihm alle Alten sind. Und als ihm Wotan gar noch mythologisch kommt („mit dem Auge, das als andres mir fehlt, erblickst du selber das eine, das mir zum Sehen verblieb"), wird er ausgelacht. Da wechselt die Optik: in wachsender Erregung stellt sich der gemütliche Plauderer auf den mythologischen Kothurn, nennt sich den „Hüter des Felsens" und enthüllt sich als der Herr jenes Speers, an dem das Schwert, das Siegfried trägt, schon einmal zersprungen ist. So erkennt Siegfried in ihm den Feind seines Vaters und zerschlägt den Speer Wotans, dieses Symbol göttlicher Macht. In dieser Kampfszene aber steht nicht nur der Gott gegen den Menschen, sondern auch der alte Mann gegen den jungen. Mit der auf dem Felsen schlafenden Brünnhilde verteidigt Wotan die einzige wirkliche Liebe seiner Existenz. Und mit dem Schwerthieb vernichtet Siegfried auch sein Mannestum.

Interessant ist, daß Wagner später in einem Gespräch mit Cosima diese Szene aus dem „Ring" mit jener aus dem „Parsifal" in Beziehung gesetzt hat, wo der junge Parsifal dem siechen Amfortas begegnet. Wörtlich hat Cosima diese bedeutsame Aussage Wagners in ihrer Tagebucheintragung vom 29. April 1879 angeführt: „Eigentlich hätte Siegfried Parsifal werden sollen und Wotan erlösen, auf seinen Streifzügen auf den leidenden Wotan (für Amfortas) treffen - aber es fehlte der Vorbote, und so mußte das wohl so bleiben."

Der Weg Siegfrieds ist nunmehr offen. Der Mensch ist frei. Die Götter treten fortan nicht mehr in Erscheinung. Wagner versetzt sie zurück ins Nebulose mythischer Ferne, wo sie ihr Ende erwarten.

Siegfried durchbricht die Feuerwand, die Brünnhilde schützt. Beim Anblick der schlafenden Jungfrau erlebt er eine Erschütterung, die er als Furcht deutet, sodaß er verzweifelt nach der Mutter ruft. Im Kuß, mit dem er sie weckt, fällt die Kindheit von ihm ab. Die erwachende Brünnhilde sieht einen werbenden jungen Helden vor sich, der sie feurig begehrt.

In dieser großen Szene macht auch Brünnhilde die entscheidende und folgenschwere Verwandlung vom Gotteskind zum liebenden Menschenweib durch. Als sie die Augen aufschlägt und mit feierlich-kultischer Gebärde die Welt begrüßt, ist sie noch ganz erfüllt von dem großen Gedanken ihrer promethäischen Sendung. Und als eine um Vergangenheit und Zukunft wissende „Mythologin" tritt sie Siegfried gegenüber, bemüht, ihn zum Partner ihres Weltkonzepts zu machen. Doch Siegfried begehrt nicht ihr Wissen, sondern einzig ihre Liebe. An seiner Unfähigkeit - oder besser wohl: seiner mangelnden Bereitschaft, dieses Wissen anzunehmen - scheitert Brünnhildes eigentliche Sendung. Was sie der

Welt schenken wollte, wendet sie fortan dem einen Mann zu, der sie begehrt, der auch sie alles Gewesene und Gewünschte vergessen läßt und der sie - verraten wird.

Götterdämmerung

PERSONEN: Siegfried: Tenor (gr. P.); Gunther: hoher Baß (m. P.); Hagen: tiefer Baß (gr. P.); Alberich: hoher Baß (m. P.); Brünnhilde: Sopran (gr. P.); Gutrune: Sopran (m. P.); Waltraute: tiefer Sopran (m. P.); erste Norn: Alt (m. P.); zweite Norn: tiefer Sopran (m. P.); dritte Norn: Sopran (m. P.); Woglinde: Sopran (m. P.); Wellgunde: tiefer Sopran (m. P.); Floßhilde: Alt (m. P.). Chöre: Mannen und Frauen.

Komponiert 1869—74
Uraufführung am 17. August 1876 in Bayreuth

Der letzte mythologische Schauplatz in der „Götterdämmerung" ist der Brünnhildenfelsen. Siegfried verläßt ihn, um zu neuen Abenteuern in die Menschenwelt zu ziehen. Auch Brünnhilde wird von dort gewaltsam ins Gibichungenreich entführt, das einen konkreten Schauplatz hat (die Halle am Rhein). Denn das letzte Werk der Tetralogie spielt nun endgültig in einer realen Gesellschaft, die keiner göttlichen Bevormundung mehr untersteht. Von den Gestalten der mythologischen Vorwelt, den Göttern, Riesen, Alben, wird nur noch erzählt oder geträumt (wenn Alberich zu Beginn des zweiten Aktes dem schlafenden Hagen erscheint, drängt er sich quasi als Traumgespenst in die Wirklichkeit). Lediglich in der Rheintöchterszene des dritten Aktes begegnet Siegfried noch einmal den Wesen, die aus der Tiefe des Mythos kommen und deren Rat er bezeichnenderweise nicht mehr versteht.

Diesen Abschied von der Mythologie führt gleichnishaft die Nornenszene vor, die Wagner, zusammen mit dem Abschied Siegfrieds von Brünnhilde, dem Werk als szenisches Vorspiel vorangestellt hat. Die Nornen rekapitulieren noch einmal das Weltenschicksal vom Urzustand eines paradiesischen Friedens, der durch den Willen zur Macht zerstört worden ist, bis zu jenem Augenblick, da Wotans Speer zerschlagen wurde. Die Frage nach der Zukunft aber können die Nornen nicht mehr beantworten. Alberichs Fluch und Siegfrieds Schwert stehen sich in dieser konkreten Menschenwelt als feindliche Prinzipien symbolisch gegenüber. „Weiß du, was daraus wird?" Bei dieser letzten Frage zerreißt das Nornenseil. Wie Erda kehren die Schicksalsfrauen in den Schoß der Erde zurück: „Zu End' ewiges Wissen! Der Welt künden Weise nichts mehr. Hinab! Zur Mutter! Hinab!"

Mit der folgenden Abschiedsszene taucht ein entscheidendes Problem auf, das Wagner zwar gestellt, aber keineswegs klar und eindeutig gelöst hat. Es betrifft das Verhältnis Siegfrieds zu Brünnhilde. Schon stilistisch spielt diese Szene auf einer anderen Ebene als der Schluß des dritten „Siegfried"-Aktes: Das Paar das sich dort feurig vereinigt hat, wirkt jetzt feierlich hochstilisiert. Die spontane Unmittelbarkeit ihrer Liebe wird in diesen Abschiedsgesängen distanzierend idealisiert. Und indem beide symbolische Gaben tauschen - Siegfried schenkt Brünnhilde den Ring und erhält dafür ihr Walkürenroß - setzen sie ihrer Liebe gleichsam kultische Denkmäler; Heros und Heroine - ein Hohes Paar. Sind sie das wirklich?

Brünnhilde spricht in diesem Duett einen verborgenen Wunsch aus, der sich nie erfüllen wird: „O wäre Brünnhild' deine Seele!" Siegfried aber vermag darauf nichts zu antworten als: „Durch sie entbrennt mir der Mut." Darunter liegt das Problem: Eine wirkliche Ebenbürtigkeit des Wollens und Fühlens ist bei diesem Paar nicht gegeben. Dem idealen Anspruch hoher Liebe vermag nur Brünnhilde zu entsprechen. Sie ist der Prototyp einer überschwänglich fühlenden Idealistin. Das Ideal der Menschenliebe, in dem sie ihre Sendung erkannte und von dem sie bei ihrer Erweckung durch Siegfried noch ganz erfüllt war, hat sich verwandelt und verengt zur Liebe für den einen Mann. Und die ist für sie ebenfalls ein Ideal, ein absoluter Wert. Eine Welt außerhalb dieser Liebe zu Siegfried existiert für sie nicht mehr. In der Waltrauten-Szene hat sie kein Ohr mehr für die flehentliche Bitte der Schwester, sie möge doch den verfluchten Ring in den Rhein zurückwerfen und damit das Unheil aus der Welt schaffen. Denn dieser Ring ist für sie nunmehr gleichbedeutend mit Siegfrieds Liebe.

Ganz anders Siegfried: Er ist das Gegenteil eines Idealisten, weder begabt noch willens, Brünnhildes umfassendes Konzept einer „Welterbschaft" zu verstehen. Er ist und bleibt ein lebensfroher Abenteurer, eine Augenblicksnatur, für die das Dasein eine Perlenschnur lustvoller Höhepunkte darstellt und für die auch die Liebe ein episodisches Abenteuer bleiben muß. Schon das nächste Weib, dem er begegnet, läßt ihn auf Brünnhilde vergessen.

Freilich schaltet Wagner hier einen fragwürdigen Entschuldigungsgrund - den Vergessenheitstrank, den Gutrune Siegfried reicht - dazwischen. Aber kann die Makellosigkeit des Helden durch einen Rausch, eine temporäre Unzurechnungsfähigkeit wirklich rein bewahrt werden? Sind doch alle Zaubertränke und Flüche bei Wagner letzten Endes nichts anderes als bühnengerechte Verdeutlichungen seelischer Vorgänge!

Zwielichtig erscheint selbst Siegfrieds hochgelobtes Heldentum. Denn im Gegensatz zu Siegmund, einem wirklichen Helden, der für seine Liebe vollbewußt in den Tod geht, erfolgen Siegfrieds „Heldentaten" absichtslos und zufällig, ohne jedes Wissen um deren Bedeutung: Er tötet den Drachen, weil er von ihm herausgefordert wird. Er gewinnt sich Ring und Tarnhelm, ohne zu ahnen, was sie wert sind. Er zerschlägt Wotans Speer, nicht weil er die Göttermacht beenden will, sondern weil ihm der Alte den Weg zu Brünnhilde versperrt. Aus alledem folgt aber, daß die als Menschheitshoffnung konzipierte Gestalt weder ein Verhältnis zur Macht hat, noch die Begabung besitzt, ein Welterbe anzutreten und dabei als Führer der in die Freiheit entlassenen

Menschen zu fungieren. Der Wagnersche Siegfried ist vielmehr der totale, ganz allein auf sich gestellte Individualist, dessen Existenz sich vollkommen in der Lust am Leben erfüllt. Seine Tragödie beginnt, als er den ihm einzig gemäßen Lebensraum, die ihm freundlich gesinnte freie Natur, verläßt und in eine zivilisierte Gesellschaft gerät, die sich seiner Arglosigkeit bedient, um ihre intriganten Ziele zu verwirklichen. Insofern bleibt Siegfried allerdings wirklich torenhaft unschuldig und rein, als er die verräterischen Verstrickungen, in die er sich verfängt, gar nicht gewahrt.

Hingegen gewinnt die Umkehrung der Wagnerschen Siegfried-Utopie in ihrem Gegenspieler eine ebenso faszinierende wie bedrückende Realität: In der Wagnerschen Version des Siegfried-Mörders Hagen wird der rücksichtslose Machtpolitiker der Neuzeit durchscheinend. Das ist der kalte Spekulant, unangefochten von Gefühlen und Leidenschaften und ohne Bindung durch Freundschaft, Liebe oder ethische Gesetze. Die Verführbarkeit der anderen liefert ihm die Mittel zur intriganten Manipulation. Und vor großen Forum (2. Akt) erweist er seine überragende Begabung zur Demagogie: Der Sohn Alberichs, der Vollstrecker von dessen liebesfeindlicher Ideologie in der Menschenwelt.

Um in den Besitz des Ringes zu gelangen, muß Hagen Siegfried und Brünnhilde in seine Einflußsphäre herabziehen. So macht er seine Halbgeschwister Gunther und Gutrune lüstern auf das „herrlichste Weib" und den „hehrsten Mann". Und als Siegfried, von Hagen gleichsam magisch herbeibeschworen, an den Gibichungenhof gelangt, ist sein Spiel bereits halb gewonnen. Siegfried vergißt auf Brünnhilde, als ihm die verführerische Gutrune gegenübertritt (der fragwürdige Zaubertrank wird hier zum Mittel einer zeitlichen Raffung psychologischer Vorgänge). Und seine sofortige Werbung macht ihn zum Vasallen Gunthers - ein Vorgang, der durch den auf Hagens Speer geschworenen Blutbrüderschaftseid folgenschwer besiegelt wird. Wichtig dabei wird auch der symbolische Vorgang: Der Freie, der Wotans Speer zerschlagen hat, gerät in eine Abhängigkeit, deren Garant wiederum ein Speer, diesmal in der Hand Hagens ist!

Spontan erklärt sich Siegfried bereit, Brünnhilde mit Hilfe des

Tarnhelms, dessen Bedeutung ihm Hagen erst erklären muß, für Gunther zu rauben, um Gutrune zu gewinnen. An Gunthers Statt und in Gunthers Gestalt durchbricht er das Feuer, entreißt Brünnhilde den Ring und zwingt sie, ihm ins Brautgemach zu folgen, wo er, getreu seinem Blutbrüderschaftseid, das Schwert zwischen sich und sie legt. Siegfried ist damit vollends, ohne es zu begreifen, zum willfährigen Werkzeug des Drahtziehers Hagen geworden.

Unverkennbar tauchen im zweiten Akt der „Götterdämmerung" Strukturen der Oper auf. Zum ersten Mal im „Ring" erscheint ein Chor auf der Bühne, und sein Finale bildet ein regelrechtes Rache-Terzett. Gleichwohl hat der Chor an dieser Stelle eine logisch zwingende Handlungsfunktion. Hagens groß angelegte Intrige, die auf eine Umwertung aller Werte hinausläuft, bedarf jetzt endlich auch des Volkes als einer moralischen Instanz zur Rechtfertigung seines Handelns. Götterdämmerung wird hier von Hagen als Götzendämmerung zelebriert. Idole werden dem Volk im Zwielicht charakterlicher Fragwürdigkeit vorgestellt und damit degradiert. Ihrem naturhaften, quasi „sakralen" Lebensraum entrückt, erscheinen die Götterabkömmlinge Siegfried und Brünnhilde hier in ihrer Bindung an die Dynasten der Profanei. Und der Ring, den Siegfried nun wieder trägt, wird zur Ursache eines hochdramatischen Zanks, in dem sich Wahrheit und Lüge undurchschaubar vermengen. Es ist müßig, den kniffligen Einzelheiten nachzuspüren, mit denen Wagner die Lauterkeit seines Lieblingshelden in dieser Szene zu rechtfertigen versucht, indem er die Wirkung des Vergessenheitstranks ins Spiel bringt, als er Siegfried behaupten läßt: „Von keinem Weibe kam mir der Reif, noch war's ein Weib, dem ich ihn abgewann." Denn unterbewußt ahnt Siegfried den begangenen Verrat. Raunt er doch Gunther zu: „Glaub', mehr zürnt es mich als dich, daß schlecht ich sie getäuscht: der Tarnhelm, dünkt mich fast, hat halb mich nur gehehlt."

Wichtig ist die bedrückende Dominanz dieser umfassenden Verwirrung, in die Brünnhildes Erkenntnis wie ein Blitz einschlägt, daß es der Geliebte selber gewesen sein muß, der sie beraubt, überwältigt und einem anderen zugeführt hat. Gegen den auf

Hagens Speer(!) geschworenen Eid Siegfrieds, daß er seinem Blutsbruder Gunther die Treue gehalten habe, steht der Gegeneid Brünnhildes. Aus der Kalamität seiner äußersten Entwürdigung sucht sich Siegfried zu befreien, indem er sich in triviale Kumpanei mit den Männern flüchtet, die Weiber verspottet („Doch Frauengroll friedet sich bald") und zu einem fröhlichen Hochzeitsmahl einlädt, bei dem alles vergessen werden soll.
Die Idealistin Brünnhilde aber, aus dem Überschwang ihrer Liebe in einen Abgrund von Verzweiflung gestürzt, verwandelt sich nunmehr in eine entschlossen handelnde Realistin. Sie fordert Siegfrieds Tod und verbündet sich dem Unheil, indem sie Hagen die Stelle verrät, an der Siegfried verwundbar ist. Umkehrung aller Werte auch hier.

Bevor ihn der Speer des Mörders trifft, verirrt sich Siegfried auf der Jagd noch einmal in die Einsamkeit der Natur, jenen seiner Individualität einzig gemäßen Lebensraum. Aber der Held, der hier den Rheintöchtern begegnet, besitzt nicht mehr die Identität des einstigen Naturburschen, der die Sprache der Waldvögel verstand. Die Rheintöchter suchen die wärmende Sonne, die über der Menschenwelt scheint, als Ersatz für das verlorene Gold, das einst die Tiefe des Rheins erhellt hat. In einem heiteren Palaver verheißen sie dem glücklosen Jäger reiche Beute, sofern er bereit ist, ihnen dafür seinen Ring zu geben. Als Siegfried zaudert, lachen sie ihn aus und nennen ihn geizig. Das ärgert ihn so sehr, daß er ihnen spontan den Ring schenken will. Aber jetzt wollen sie ihn nicht mehr. Mit plötzlichem Ernst, als wären sie Nornen, warnen sie ihn vor dem Fluch und mahnen ihn, so wie Erda in der vierten „Rheingold"-Szene Wotan gemahnt hat, an das Urgesetz des Werdens und Vergehens. Aber anders als Wotan schlägt Siegfried übermütig die Warnung in den Wind: Leib und Leben gelten ihm nichts: „Seht, so werf' ich sie weit von mir!" Aller Weisheit unzugänglich wie eh und je, versteht er nun auch den freundlichen Rat der Natur nicht mehr und verhöhnt die Schicksalskünderinnen: „Des Urgesetzes ewiges Seil, flochten sie wilde Flüche hinein, Notung zerhaut es den Nornen!"
Da brechen sie den Stab über seine Torheit, wenden sich von ihm ab und überantworten ihn der Erfahrung des Todes.

Als sich die Jagdgesellschaft zu ihm gesellt und Siegfried, in der Absicht, Gunther zu erheitern, Geschichten aus seinen „jungen Tagen" erzählt, verliert er sich immer tiefer in die Erinnerung an Zeiten, da er noch im Glück war, im Einverständnis mit der Natur. Die Einschaltung des „Zaubertranks", den ihm Hagen reicht, damit das Vergessen von ihm weicht, versinnbildlicht nur diesen Vorgang einer Rückgewinnung der Identität. Als er des Augenblicks gedenkt, da er Brünnhilde erweckt hat, trifft ihn Hagens Speer. Und jetzt, im Sterben, begreift er endlich, was ihm als Höchstes gegeben war und was er vergessen, verraten, verschenkt hat: „Brünnhild' bietet mir Gruß!" - Siegfrieds Tod wird somit zu einer Heimkehr aus der Quantität des Lebensgenusses in die Qualität einer idealen Liebesgeborgenheit. Daß Ibsen am Schluß seines „Peer Gynt" zum gleichen Ergebnis kommt, mag als ein weiterer Beweis dafür gelten, wie sehr auch das Schicksal und das Wesen des Wagnerschen Siegfried die Lebenskonflikte des modernen Menschen wiederspiegelt.

An der Bahre Siegfrieds entbrennt der Streit der Gibichungen um das Erbe, den Ring. Und jetzt fallen die Hüllen scheinmoralischer Rechtfertigungen für den Mord an Siegfried. Die nackte Gier tritt schamlos zu Tage. Hagen, der „getreue" Vasall, sticht seinen König nieder. Das Volk, das im zweiten Akt die Entmythologisierung Siegfrieds und Brünnhildes erlebt hat, erschaut nun auch die Demaskierung seiner Dynasten. Dieser schmähliche Untergang des Gibichungen-Königtums als Parallelvorgang zum Untergang der Götter ist für die Deutung des „Götterdämmerungs"-Schlusses sehr wichtig, wenn ihn Wagner auch angesichts der Fülle des hier noch zu bewältigenden Stoffes nur anzudeuten vermochte. Es ist deshalb aufschlußreich, zu erfahren, daß der Dichter vorübergehend sogar erwogen hat, das Volk mit einem Schlußchor noch einmal dominierend ins Spiel zu bringen!

Die letzte Szene des Werks, beginnend mit dem Auftritt der Brünnhilde, hat auch durch ihre stilistische Absetzung von dem Vorangegangenen eindeutig den Charakter eines Epilogs. Als Hagen nach dem Ring an Siegfrieds Hand greift, hebt sich der Arm des Toten, und Hagen weicht erschrocken zurück. Im gleichen Augenblick tritt Brünnhilde an die Bahre und beendet den

bis dahin vorwaltenden Realismus des Geschehens. Auf einem überhöhenden Kothurn wird der Faden der Mythologie wieder aufgenommen und zu Ende gesponnen.
Siegfrieds Tod hat Brünnhilde aus der Verblendung ihres Absturzes in Eifersucht und Rachewunsch befreit. Sie hat ihr Weltwissen zurückgewonnen und vermag nun die Rangordnung der Schuld zu erkennen: „O ihr, der Eide ewiger Hüter! Lenkt euren Blick auf mein blühendes Leid, erschaut eure ewige Schuld! Mich mußte der Reinste verraten, daß wissend würde ein Weib!" - Das ist die schmerzliche Absage der einstigen Walküre an die Lebenshoffnung, an die promethäische Sendung, der sie gemeinsam mit Siegfried dienen wollte. Jetzt vermag sie den toten Geliebten nur noch zu rehabilitieren: „Der Reinste war er, der mich verriet!" - Das ist eine psychologisch konsequente Idealisierung, die einer Witwe solchen Formats wohl ansteht. Ans Leben und an die Zukunft der Menschen verschwendet sie keinen Gedanken mehr. Das Feuer, in dem sie an der Seite Siegfrieds verbrennen will, soll auch Walhall zerstören. Mit ihrer letzten Handlung bekennt sich Brünnhilde zu ihrer Vergangenheit, deren Schuld sie tilgt, indem sie Götter und Heroen dem Flammentod überantwortet.
Der große Brand, der die Gibichungenhalle zum Einsturz bringt und die Götterburg verzehrt, kann dennoch nicht als ein totaler Weltuntergang interpretiert werden, wie es in den Ring-Inszenierungen der fünfziger Jahre unter dem Nachhall des Zweiten Weltkriegs und der Hieroshima-Bombe fast immer geschah. Wagners Regieanweisung zur Schlußszene lautet: „Aus den Trümmern des Zusammenbruchs sehen Männer und Frauen in höchster Ergriffenheit dem wachsenden Feuerschein am Himmel zu." - Es gibt also ein überlebendes Volk, das die Chance eines Neubeginns hat.
Und es bleibt die Natur, in deren Schoß das verderbenbringende Machtsymbol zurückgekehrt ist. Wird es, muß es wieder geraubt werden, damit ein neues Spiel um Macht und Liebe beginnen kann? Und wird dieses Spiel nach der Erfahrung eines solchen Untergangs unter hoffnungsvolleren Aspekten stattfinden? Das gewaltige Werk endet mit einem Bündel Fragen. Wenn als letz-

te Aussage das Sieglinden-Thema aus dem Orchester heraustönt, wird die trennende Grenze zwischen Bühne und Publikum aufgehoben. Und die Menschen im Zuschauerraum sollten begreifen, daß diese Fragen an sie selber gestellt sind.

Der Ring des Nibelungen

Musikalische Gestaltung

Rheingold

DIE BESETZUNG DES RING-ORCHESTERS: 16 erste Violinen, 16 zweite Violinen, 12 Bratschen, 12 Celli, 8 Kontrabässe, 3 große Flöten und 1 kleine Flöte, zu welcher an einigen Stellen die dritte große Flöte als zweite kleine Flöte hinzutritt, 3 Oboen, 1 Englisch Horn (gelegentlich als vierte Oboe verwendet), 3 Klarinetten, 1 Baßklarinette, 3 Fagotte, 8 Hörner, von denen vier verschiedentlich mit vier Horn- bzw. Wagnertuben wechseln, 1 Kontrabaßtuba, 3 Trompeten, 1 Baßtrompete, 3 Posaunen, 1 Kontrabaßposaune, 2 Paar Pauken, 1 Triangel, 1 Paar Becken, 1 Tamtam, 1 Rührtrommel, 6 Harfen. Bühnenmusik.

Anmerkung: Die „Wagnertuben" sind, i. G. zur Baßtuba, Tuben mit Horn-Mundstück, die Wagner eigens für sein Ring-Orchester konstruieren ließ.

Daß die vier Ring-Partituren als geschlossenes Ganzes vorliegen, daß Wagners Phantasie und Schaffenskraft vor diesem übergroßen Vorhaben nicht kapituliert haben, muß noch immer als eines der erstaunlichsten Phänomene der Kulturgeschichte gelten. Die Aufführungsdauer auch der längsten Opern überschreitet kaum einmal die Vierstundengrenze. Beim „Ring" aber handelt es sich, zusammengerechnet, um nicht weniger als rund 15 Stunden Musik, die als Einheit konzipiert wurde und die diese Einheit in keiner Phase preisgibt! Die in den ersten beiden „Rheingold"-Szenen aufgestellten thematischen Grundmaterialien bleiben bis zur Schlußfermate der „Götterdämmerung" prägende Substanz der Komposition.

Die folgenden Erläuterungen werden sich hauptsächlich mit der Evolution der für den „Ring" typischen Leitmotivik befassen. Dabei muß jedoch vor dem bei musikalischen Laien verbreiteten Irrtum gewarnt werden, daß es sich bei den mit symbolischen Ideen des Dramas befrachteten Leitmotiven um fertige „Etiketten" handelt. Sie sind für Wagner vielmehr ein biegsames und unbeschränkt variables Material, dessen Verwendung sich im Fortschreiten von Werk zu Werk immer mehr verändert. Während die Leitmotive im „Rheingold" noch eine eindeutige, „naturalistische" Signalfunktion haben, in der „Walküre" zu großbogiger Melodik ausgesponnen werden und im „Siegfried" vielfach eine quasi symphonische Durchführung erfahren, werden sie in der „Götterdämmerung" zum Material eines umfassenden Assoziations-Systems, in dem ihre ursprüngliche gedankliche Eindeutigkeit weitgehend verschwindet. Denn im „Ring" spiegelt sich ja Wagners eigene, mit Riesenschritten fortschreitende kompositorische Entwicklung. Die von Werk zu Werk gesteigerte orchestrale Dominanz ist wesentlich auf diese Progression zurückzuführen. Und mindestens genau so wichtig wie das leitmotivische Grundmaterial ist das Phänomen der Großstrukturen, das sich im Fortschreiten der Komposition daraus entwickelt. Sie geben den Großformen von Szenen und ganzen Akten die immer wechselnden Stimmungen, Farben und unverwechselbaren harmonischen, instrumentalen bzw. rhythmischen Charaktere. Sie machen die nie nachlassende Spannung der Vielheit in der Einheit überhaupt erst möglich.

Musterbeispiel für eine solche Strukturbildung ist bereits der Beginn des „Rheingold", ist dieses Vorspiel, in dem sich ein Klangraum auffüllt und in dem 136 Takte lang nichts anderes erklingt als der Es-Dur-Dreiklang, die Tonart des mythischen Ursprungs.

Urstoff der Musik, wie der Ring-Welt, ist der Ton, das Kontra-Es. Zu ihm tritt als zweiter Oberton die Quinte. Dann setzen kanonartig acht Hörner ein, die die Obertonreihe zur Terz hin erweitern: der Dreiklang ist geboren!

1

Mit dem Einsatz der Celli (Triolenfiguration des Dreiklangs) beginnt die Bewegung. Die Melodiespitzen dieser Figuration aber tragen das erste Leitmotiv der Ring-Musik, eine diatonisch aufsteigende Linie, die fortan das ganze Vorspiel beherrscht und aus der Tiefe in immer höhere und hellere Register des Orchesterinstrumentariums empordrängt — das tönende *Sinnbild des Werdens:*

2

In der vierten Szene erscheint dieses „Natur-Motiv", nach cis-moll versetzt, als das Leitmotiv der Urmutter Erda:

3

Erda verkündet in jener Szene das Urgesetz der Welt: „Alles was ist, endet." Und beziehungsvoll mündet dieses Motiv des Werdens dort in seine Umkehrung und wird zum *Motiv des Vergehens,* zum „Götterdämmerungs-Motiv":

4

Dem melodischen Auf und Ab ist damit ein für das gesamte Ring-Drama gültiger Sinn unterlegt worden.

Wenn sich der Vorhang in dem Augenblick öffnet, da die melodische Aufwärtsbewegung des Vorspiels ihren Höhepunkt erreicht hat und der akustische Eindruck bereits suggestiv zum Optischen drängt, intoniert die erste Rheintochter mit ihrem Wellengesang eine sanft wiegende Melodie, die man als das Wiegenlied der Welt, als die Melodie des *paradiesischen Seins* bezeichnen könnte:

5
Wei - a! Wa - ga! Wo-ge, du Wel-le, wal-le zur Wie-ge

Die erste Dissonanz fällt in diese Dreiklangsseligkeit, als Alberich im Geklüft sichtbar wird. Man sei sich dessen bewußt: Alberich, wie auch später sein Sohn Hagen, hat kein eigentliches Leitmotiv in der Ring-Musik. Er erscheint als *Dissonanz* (!). Sein Wesen *(zerstörend, todbringend)* ist musikalisch eine nach unten schlagende Oktave:

6

Die Prinzipien des *Werdens*, des *Seins*, des *Todes* haben damit ihre tönende Ausformung gefunden. Den nächsten poetisch-musikalischen Leitgedanken der Tetralogie prägt Alberichs Jammer über sein vergebliches Liebeswerben: „Die Dritte, so traut, betrog sie mich auch?"

7
Die Drit - te, so traut

Es ist das Motiv der *Liebesnot* und Liebestragik, das in den mannigfachsten Varianten wiederkehren wird. In der nächsten Szene bereits als Sequenzmotiv bei Freias Flucht vor den Riesen:

8

Sodann im Zwischenspiel zwischen der zweiten und dritten Szene, riesenhaft vergrößert, gleichsam als Klage der versklavten Nibelungen um ihr verlorenes Liebesglück:

9

In der „Walküre" wird es dann sogar zum Klangsymbol der Wälsungenliebe.
Ein weiteres Dreiklangs- (und somit Naturmotiv) ertönt beim Erglühen des Rheingoldes. Dieses Fanfarenmotiv —

10

— bekommt seine charakteristische Note durch die Quarte, ein Intervall, dem *Kraft und Wille* innewohnen (vergl. auch das Holländermotiv, s. d. Beispiel 1!). Als Symbol des Lichts ist dieses Fanfarenmotiv denn auch Vorläufer einer ganzen Reihe von Quartmotiven, die als Lichtbringer in der Ring-Musik fungieren und den Sonnenhelden Siegmund und Siegfried zugeordnet sind. Dazu gehören im „Rheingold" das Donner-Motiv —

11
He-da! He-da! He-do!

— und das „Schwert-Motiv", das erstmals erklingt, als Wotan in der vierten Szene, „wie von einem großen Gedanken ergriffen", der Götterburg den Namen „Walhall" gibt. Das erstmalige Erklingen dieses Schwert-Motivs —

12

— ist die Geburt von Wotans Hoffnung auf einen Helden, der seine Schuld sühnen soll.

Die Idee des *Glücks* findet Ausdruck in der großen Sekunde eines Akkordmotivs beim Jubelruf der Rheintöchter („Rheingold!"):

Die Verwandlung dieser großen Sekunde in eine kleine, des Jubels in ein „Wehe", der Sonne der Tiefe in den geschmiedeten Ring, wird zum Schicksal der Welt und ertönt erstmals bedrohlich in der musikalischen Beschwörungsformel, mit der Alberich in der dritten Szene sein Sklavenheer in die Knie zwingt („Zögert ihr noch? Zaudert wohl gar?"):

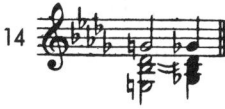

Der Gedanke der *Macht* schließlich findet in der ersten Rheingold-Szene seine musikalische Ausprägung in der motivischen Formel, die die Worte der Wellgunde trägt: „Der Welt Erbe gewänne zu eigen, wer aus dem Rheingold schüfe den Ring...":

Es ist das Ring-Motiv, eine düstere Variante des seligen Wiegenlieds der Welt (Beispiel 5) und im weiteren auch des frischen Froh-Motivs:

Schließlich sei noch das Thema „Nur wer der Minne Macht versagt" hier angeführt; es läßt bereits in der Rheinszene die Trauermarsch-Tonart c-moll anklingen:

Mit der Aufstellung dieser tönenden Ideen (des Werdens, des Seins, des Todes, der Liebesnot, des Lichts, des Glücks, der Macht und der Tragik) bildet diese Rheinszene die Exposition der Ring-Musik, aus der sich nahezu alles Folgende ableiten läßt.

Schon das Walhall-Thema, das zu Beginn der zweiten Szene erklingt, ist ein Gewordenes, nämlich aus dem Ring-Motiv Gewachsenes: im letzten Teil der Überleitung von der Rhein-Szene zur zweiten Szene erklingt das Ring-Motiv (Beisp. 15) fünfmal, immer beruhigter, und kommt schließlich auf der Dominante von Des-dur (Walhall-Tonart!) zum Stillstand. Wenn dann das Walhall-Thema in seiner Haupttonart eintritt, wird offenbar, daß es eine Variante des Ring-Motivs darstellt, —

— eine Variante des Machtgedankens also, der sich hier zur symmetrischen Form auskristallisiert. Das Walhall-Thema ist das einzige große Thema der Ring-Musik, das eine solch geschlossene Form aufweist! Dies ist bedeutsam, denn Wotans Machtstreben ist nicht zerstörerisch wie das Alberichs, sondern es will der Welt ein Gesetz geben! Die Art, wie dann der Schlußakkord dieses Themas durch einen ihm folgenden verminderten Septakkord aufgerissen wird (zu Frickas Worten: „Wotan, Gemahl, erwache!") beweist freilich, daß dieser Machtgedanke Wotans („... ragend zu endlosem Ruhm!") eben doch nur ein Traum, eine Illusion ist.

Wichtig ist in diesem Zusammenhang auch die Deutung des sogenannten Speer-Motivs, das Wotan immer wieder zugesellt wird:

Es ist als eine diatonisch nach unten (zum Tode!) führende Linie das Gegenteil des aufsteigenden Natur-Motivs (Beispiel 2): Wotans Waffe, Symbol und Garant der unheilvollen Verträge ist todbringend! Wotan hat den Speer, wie die Nornen später erzählen, aus der Weltesche, dem ewig grünenden Lebensbaum, geschnitten und den Baum damit zum Welken gebracht!

Den Riesen-Auftritt charakterisiert ein kraftvolles, wuchtiges Thema, dessen charakteristische Intervall die Quart ist, das symbolische Intervall der Kraft (s. Beispiel 10):

Leitsymbolische Bedeutung gewinnt übrigens auch der punktierte Rhythmus dieses Riesen-Motivs. Es ist der Rhythmus der Arbeit, des Dienens, der Knechtschaft. Verkleinert, gewissermaßen verzierlicht, kehrt dieser Rhythmus im Schmiede-Motiv der Nibelungen wieder, das im Zwischenspiel zwischen der zweiten und dritten Szene dadurch entsteht, daß Sequenzketten von dahinjagenden Liebesnot-Motiven (Beispiel 8) zu diesem Hämmer-Rhythmus erstarren (Schicksal der Nibelungen!):

Entstammen die bisher aufgeführten Themen und Motive dem harmonischen Bereich der Diatonik, so tritt beim Auftritt Loges die Chromatik ins Ideenspiel ein. Loge, der Schweifende, das

Feuer als Zerstörer alles Festgefügten, findet keine Bleibe und keine Ruhe in einer Tonart. Auf der chromatischen Tonart geistert er ohne Halt durch den gesamten Tonraum:

Auch die akkordische Fixierung seines Wesens ist flackernd, neigt zum Chroma und zu Alterierungen:

Dies wird besonders deutlich, wenn man sich bewußt wird, daß das Tarnhelm-Motiv —

— eine Variante dieses akkordischen Loge-Motivs darstellt. Loge, als Meister der Lüge, des Truges, als Inbegriff aller Zweideutigkeiten, steckt somit auch in all den Motiven, die dem ideellen Bereich der Verwandlung (Tarnhelm), des Schlafs (Erda, Beispiel 57), der Betäubungs- und Vergessenheitstränke angehören!
Interessant ist in diesem Zusammenhang auch, wie Loge diatonisch so festgefügte Themen wie das Walhalls chromatisch zersetzt. Zu seinen Worten: „In Höhen und Tiefen treibt mich mein Sinn, Haus und Herd behagt mir nicht" erscheint in einer Verkleinerung (quasi als Karikatur) immer wieder der Kopf des Walhall-Themas, der jedoch jeweils nach zwei Takten auf der chromatischen Tonleiter in eine andere Tonart hinunterrutscht. Völlig karikiert erscheint das Walhall-Thema in dem an die Adresse Alberichs gerichteten Spottgesang Loges: „Denn

Mond und Stern' und die strahlende Sonne, sie auch dürfen nicht anders, dienen müssen sie dir." Man beachte dabei besonders die aus der Loge-Motivik entnommene angehängte Spottfigur:

25

Zwei einander ähnelnde, sehr illustrative Baßmotive stellt die Nibelheim-Szene auf: das des aufsteigenden Hortes („Habt acht! Habt acht vor dem nächtlichen Heer, entsteigt des Niblungen Hort aus stummer Tiefe zu Tag!):

26

— und das des Riesenwurms, der animalischen Wucherung und fressenden Gier, das als Drachen-Motiv im „Siegfried" große Bedeutung erlangt:

27

Eine letzte wichtige Station der Motivaufstellung im „Rheingold" ist Alberichs Fluch, der durch ein in Synkopen zäh sich dahinschleppendes rhythmisches Motiv des Hasses eingeleitet wird:

28

— und der dann in dem markigen und charakteristischen eigentlichen Fluch-Motiv gipfelt:

29

Es ist fortan der motivische Antipode des bereits erwähnten Schwert-Motivs (Beispiel 12), der Helden-Idee Wotans.

Am Schluß des „Rheingoldes" strahlt beim Erscheinen des Regenbogens —

— noch einmal Dreiklangsherrlichkeit auf, funkelnd wie das Gold einer untergehenden Sonne; tönendes Licht, das den Einzug der Götter in Walhall bescheint, diesen Aufstieg, der doch in Wirklichkeit ein Abstieg in die Nacht der Götterdämmerung ist.

Walküre

Die Orchestereinleitung zum ersten „Walküre"-Akt schildert einen Sturm: monoton rauschende Streicher-Tremoli auf d, darunter ruhelos auf- und absteigende Linien der Bässe:

Daß diese zunächst rein illustrative Figuration, die übrigens eine auffallende Ähnlichkeit mit der Klavierbegleitung zu Schuberts „Erlkönig" aufweist, in ihrem Auf und Ab der Symbolik des Werdens und Vergehens zugehört, wie wir ihr im „Rheingold" bei der Erda-Erscheinung („Alles was ist, endet") erstmals begegnet sind (s. Beispiel 3 und 4), wird später im zweiten Akt besonders deutlich, wo eine ähnliche, punktierte Baßfigur Wotans Unruhe zum Ausdruck bringt („Nur einer könnte, was ich nicht darf ..."):

Der Sturm dieser Einleitung verdichtet sich zu einer Kette von Donner-Motiven (Beispiel 11), aus denen sich, wie im Gewitter-Zauber des „Rheingolds", eine Blitzfigur löst, der sofort der Einschlag (Pauke!) folgt. Dann verebbt der Sturm.
Das Motiv Siegmunds —

— ist als Unisono der Bässe aus der Sturmfiguration entlehnt. Seinem düsteren d-moll-Fatalismus stellt sich, in Umkehrung der Bewegungsrichtung, das hold-sehnsüchtige Sieglinde-Motiv entgegen,

— das besondere Aufmerksamkeit verdient, weil es — sehr sinnfällig! — nichts anderes darstellt, als die Umkehrung des Ring-Motivs (Beispiel 15). Die bogenförmigen Konturen dieses Sieglinde-Motivs zeichnet ein anderes ausdrucksvolles, ebenfalls dem Wälsungenpaar und seinem leidvollen Schicksal zugeordnetes Unisono-Baßmotiv nach:

Bei der ersten Blickbegegnung Siegmunds und Sieglindes intoniert ein Solo-Cello dreimal, gesteigert, das Siegmund-Motiv (Beispiel 33), aus dem sich, beim Einsatz der Harmonie, die Liebesmelodik der Wälsungen löst:

Daß dieses Liebes-Motiv eine weitere Variante der Liebesnot- und Liebestragik-Motive aus dem „Rheingold" darstellt, wurde bereits dort bei der Erläuterung der Motive 7—9 erwähnt.

Zum Komplex der Wälsungen-Motive gehört schließlich noch das der Wälsungen-Tragik, das Siegmunds Erzählungen in der zweiten Szene, nach seinen Worten „Nun weißt du, fragende Frau, warum ich Friedmund nicht heiße!", abschließt:

Als c-moll-Thema stellt es, ähnlich wie die Formel „Nur wer der Minne Macht versagt..." (Beispiel 17) eine Antizipation des Götterdämmerungs-Trauermarsches dar. Bemerkenswert ist außerdem, daß in seinen Melodiespitzen (in Moll!) die Rheingold-Fanfare (Beispiel 10), das Symbol des Lichtes, steckt (s. Pfeile!). Der hellere, tröstlichere Nachsatz dieses Themas —

— kehrt in der weiteren Entwicklung häufig auch als selbständiges Motiv wieder.

Die Gestalt Hundings ist musikalisch durch eine Fülle von Anklängen an bereits aus dem „Rheingold" bekannte Motive in die ideelle Kontinuität des Gesamtgeschehens hineinverwoben. Schon durch die punktierte, wuchtige Rhythmik seines Hauptmotivs —

— wird Hunding musikalisch als ein Abkömmling des Riesengeschlechts charakterisiert (vergl. Riesen-Motiv, Beispiel 20!). Seine Mahnung an Siegmund: „Heilig ist mein Herd, heilig sei dir mein Haus!" reiht das Ring-Motiv und Wotans Speer-Motiv aneinander, also die Symbole der Macht und des Gesetzes:

Eine weitere Brücke aus dem Besonderen einer scheinbar zufälligen Schilderung in die vereinheitlichende, übergeordnete Idee wird musikalisch geschlagen, wenn Siegmund sich anschickt, von seinem letzten Kampf zu berichten. Die Schilderung: „Der Erschlagenen Sippen stürmten daher..." wird eingeleitet und untermalt von einem pochenden rhythmischen Baßmotiv —

41

— dessen Ableitung vom Schmiede-Motiv der Nibelungen (Beispiel 21) sich unschwer erkennen läßt. Sind die Sippen der Erschlagenen, gegen die Siegmund gekämpft hat, demnach Nibelungen? Keineswegs. Aber die Riesen, Hunding, die Nibelungen und Siegmunds Feinde, die „Neidinge", — sie alle werden durch die rhythmische Vereinheitlichung ihrer Klangsymbole der gleichen Idee unterstellt: sie sind die Knechte, die Unfreien, die an Gesetze und Verträge Gebundenen im Drama. Sehr eindrucksvoll kommt dies auch in Siegmunds Monolog zu Beginn der dritten Szene („Ein Schwert verhieß mir der Vater") zum Ausdruck. Bis zur Anrufung des Vaters — „Wälse! Wälse! Wo ist dein Schwert?" — dominiert der Rhythmus Hundings, des Zwangs, der Knechtschaft, — um es noch symbolischer auszudrücken — der Rhythmus der *Speerträger*. Nun aber wird dieser Rhythmus durchbrochen. Die göttliche Helden-Idee wird bei den Wälse-Rufen förmlich neu geboren (die Worte: „Bricht mir hervor aus der Brust, was wütend das Herz noch hegt?" deuten dies an) und die C-dur-Schwert-Fanfare (Beispiel 12) strahlt auf — die am Schluß des „Rheingolds" erstmals erklungen ist und die sich bereits in der vorangegangenen pantomimischen Szene, in der Sieglinde Siegmunds Aufmerksamkeit auf die Esche zu lenken versuchte, zweimal angekündigt hat.

Die Schwert-Fanfare wird zum einen Hauptgedanken der folgenden Szene, insbesondere der Schwert-Erzählung der Sieglinde und des Aktschlusses. Den anderen musikalischen Hauptgedanken stellt das Walhall-Thema, oder genauer: sein Kopfmotiv.

Mit ihm (Beispiel 18) wird die Vatergestalt Wotan-Wälses während der ganzen Erkennungs-Szene im Bewußtsein des Hörers gegenwärtig. Es erklang bereits einmal in der zweiten Szene, als bedeutungsvoller Nachklang von Siegmunds Worten: „Den Vater fand ich nicht." Nun blüht es in der Schwert-Erzählung auf („Ein Fremder trat da herein..." und „Da wußt' ich, wer der war, der mich Gramvolle gegrüßt"), und es steckt selbst noch in den verzückten Klängen der Liebesszene („Denn wonnig weidet mein Blick"):

Eine der wenigen für sich bestehenden Erinnerungsmelodien im „Ring" ist die von Siegmunds Liebeslied „Winterstürme wichen dem Wonnemond". Sie kehrt nur noch dreimal wieder, und zwar ganz unverändert: am Schluß des ersten Aktes („Fern von hier folge mir nun..."), ferner im zweiten Akt, bei Wotans Worten „Heut' hast du's erlebt..." und bei Siegmunds Abschied von Sieglinde („Der Traurigen kost ein lächelnder Traum"). Trotz dieser Selbständigkeit kann die rhythmische und melodische Verwandtschaft mit der wiegenliedartigen Melodie des Rheintöchter-Gesangs (Beispiel 5) nicht überhört werden.

Zum dramatischen Höhepunkt der Liebesszene wird der Augenblick, da Siegmund nach dem Schwert im Eschenstamm greift. Zu den Worten „Heiligster Minne höchste Not" intoniert er dabei die Entsagungsformel („Nur wer der Minne Macht versagt...", Beispiel 17), freilich nicht, um sie zu erfüllen, sondern zu durchbrechen. Nach der Wiederholung des Kopfmotivs drängt die melodische Linie immer heftiger nach oben; bei den Rufen „Notung! Notung! So nenn' ich dich,

Schwert" wird, genauso wie bereits bei den Wälse-Rufen die Oktav als Hauptintervall des Schwert-Motivs (Beispiel 12) antizipiert, bis endlich die Schwert-Fanfare, nochmals apotheotisch in C-dur aufstrahlend, den triumphalen Augenblick feiert, da Siegmund die Waffe aus dem Stamm reißt.

Ein faszinierendes Beispiel für die evolutionäre Symphonik der Ring-Musik liefert die Orchestereinleitung zum zweiten Akt. Verzerrt zum Aufschrei steht das Schwert-Motiv vornean. Angehängt ist ihm das Liebes-Motiv der Wälsungen (Beispiel 36), das jetzt, wiederum verkleinert und in Sequenzketten dahinjagend, die Gestalt der Flucht- und Not-Motive angenommen hat, wie wir sie aus dem „Rheingold" (Freia-Auftritt, Zwischenspiel zwischen zweiter und dritter Szene) kennen. In intervallischer Vergrößerung gewinnt dieses Motiv schließlich eine neue Gestalt, deren wesentlicher harmonischer Bestandteil der übermäßige Dreiklang ist:

44

Mit dieser Motivgestalt wird bereits der Hojotoho-Ruf der Walküren vorbereitet, der wenig später beim Auftritt Brünnhildes erstmalig erklingt:

45

Dabei ist darauf hinzuweisen, daß der übermäßige Dreiklang im „Ring" wie auch in den „Meistersingern" (s. d. Beispiel 34) und im „Parsifal" (s. d. Beispiel 7) der chaotischen Wildheit Ausdruck verleiht.

Die große Motivgestalt (Beispiel 44) wird nun verkleinert zum Ritt-Motiv der Walküren:

46

Aus den dahinstampfenden Aneinanderreihungen dieses rhythmischen Motivs aber wird endlich ein Neues geboren, nämlich das Walküren-Thema:

In der Szene Wotan-Fricka erfährt das Speer-Motiv (Beispiel 19) eine Art Subjektivierung und wird in dieser Variante zum Ausdruck von Wotans wachsendem Unmut:

Bei seinen Verzweiflungsausbrüchen nach dem Weggang Frikkas kehrt sich diese Unmutslinie um und mündet, nach oben drängend, ins Fluch-Motiv:

Der große Monolog Wotans, ein Musterbeispiel für den musikdramatischen, d. h. durch bereits bekannte „Leitmotive" symphonisch unterbauten Sprechgesang, stellt für den Dramatiker eines der im „Ring" mehrfach verwendeten Mittel dar, bisher Geschehenes vor dem Eintritt neuer Ereignisse noch einmal rekapitulierend aufzustauen. Zu musikalischen Höhepunkten werden darin die Augenblicke, da zu Wotans Klage „Der Fluch, den ich floh, nicht flieht er nun mich" das vergrößerte Liebesnot-Motiv (Beispiel 9) erklingt, und da seine Resignation „So nimm meinen Segen, Nibelungensohn! Was tief mich ekelt, dir geb' ich's zum Erbe, der Gottheit nichtigen Glanz" in einer Verzerrung des Walhall-Motivs, in die als Mittelstimme die Rheingold-Fanfare hineintönt, zweimal hintereinander ihren Ausdruck findet:

Auch die erschütternde Szene zwischen Siegmund und Sieglinde, die sich anschließt, ist musikalisch ganz aus dem bereits bekannten motivischen Material aufgebaut.

Ein neues Akkordmotiv stellt der Anfang der Todesverkündigungs-Szene auf:

Es ist die antizipierte Schicksalsfrage der Nornen: „Weißt du, wie das wird?", die an dieser Stelle aus dem Orchester heraus an die vor einer folgenschweren Entscheidung stehende Wotanstochter gerichtet wird. Sie erklingt fortan vor und nach allen wichtigen Geschehnissen, so auch nach dem Tod Siegmunds. Dieses Schicksals-Motiv erweitert sich nach seiner ersten Wiederholung übrigens sofort zu einem größeren Thema —

das den musikalischen Hauptgedanken der großen Todesverkündigungs-Szene bildet.

Im Vorspiel und in der Walküren-Szene des dritten Aktes erfahren die bereits zu Beginn des zweiten Aktes aufgestellten Walküren-Motive, nämlich das Walküren-Thema (Beispiel 47), das Ritt-Motiv (Beispiel 46) und der Hojotoho-Ruf (Beispiel 45) ihre großräumige und ungemein illustrative Durchführung. Dieses prachtvolle Sturmstück dient vor allem zur stimmungsmäßigen Vorbereitung der folgenden Szene zwischen Brünnhilde und Sieglinde, deren Höhepunkt die Aufstellung zweier neuer musikalischer Gedanken bildet: Bei Brünnhildes Verheißung — „Den hehrsten Helden der Welt trägst du, oh Weib, im schirmenden Schoß" — wird erstmals das Siegfried-Thema intoniert, die letzte und größte Ausformung der lichtbringenden Quartmotive, zu denen die Rheingold-Fanfare (Beispiel 10), das Donner-Motiv (Beispiel 11) und die Schwert-Fanfare (Beispiel 12) gehören:

Ebenso bedeutungsvoll ist das Motiv, mit dem Sieglinde diese Verheißung bejubelt („Oh hehrstes Wunder! Herrlichste Maid!"):

Denn diese Klanggestalt, der man wenig treffend den Namen „Erlösungs-Motiv" gegeben hat, kehrt am Schluß der „Götterdämmerung" wieder, gleichsam als Triumph des ewig Mütterlichen über Tod und Vernichtung.

Als Wotan die Walküren vom Felsen gescheucht hat, verebbt der Sturm. In dem Baßmotiv des Unmuts (Beispiel 48) grollt noch der göttliche Zorn nach, erfährt jedoch gleichsam seine Spiegelung in einem Holzbläsermotiv, das, Brünnhilde zugehörend, jenem Unmut schüchtern einen neuen Sinn zu geben versucht.

Dieses hier neu entstehende Motiv erlangt seine vollständige Gestalt in dem schönen E-dur-Thema, das Brünnhildes Worte trägt: „Der diese Liebe mir ins Herz gehaucht, dem Willen, der dem Wälsung mich gesellt, ihm innig vertraut — trotzt' ich deinem Gebot." Es ist das Thema ihrer Liebe zur Welt, ihres Zukunftsglaubens, das denn auch seine Apotheose in Wotans Abschied erfährt:

56

Die Absicht Wotans, Brünnhilde in Schlaf zu versenken, stellt ein chromatisch von Halbton zu Halbton absinkendes Akkordmotiv auf, das später, besonders als Schlaf-Motiv Erdas, mannigfach wiederkehrt:

57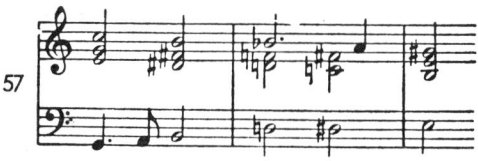

Dieser Absicht tritt Brünnhilde mit einem bewegten, zu ruheloser Sequenzierung drängenden Motiv entgegen, das seine endgültige Gestalt dann im Feuerzauber gewinnt:

58

Vergleicht man dieses „Waberlohe"-Motiv mit dem Wiegenlied der Rheintöchter (Beispiel 5), so wird auch hier, wie bei „Winterstürme wichen dem Wonnemond", die Verwandtschaft der melodischen Struktur auffällig. Aus einem überzeugenden Grund: So wie das Rheingold, von den Naturgeschöpfen behütet, im Felsenriff schlummerte, schläft auch Brünnhilde, umhegt von den Flammen, ihrer Bestimmung entgegen. Ein Wiegenlied tönt dort durch die Wogen, hier durch die Flammen. Dieses Flammenmeer, das die schlafende Brünnhilde beschützt, aber

bekommt musikalisch noch einen besonders feinen Sinn dadurch, daß der von Wotan beschworene und im Orchester aufzüngelnde Loge, den wir als den Herrn des Chromas in der Ring-Musik erkannt und gedeutet haben, hier, in der Szene des Feuerzaubers, zum einzigen Male an eine Tonart gebunden wird: an E-dur, die Tonart der Liebe!
Wotan ruft in dieses tönende Feuer seinen Bannspruch in der melodischen Gestalt des Siegfried-Themas (Beispiel 53). Von seinem eigenen Abschiedsweh aber kündet die Erinnerungsmelodie: „Zum letzten Mal letz' es mich heut', mit des Lebewohles letztem Kuß". Sie tönt dann noch einmal wehmütig aus dem orchestralen Flammenmeer heraus, wenn sich der Vorhang langsam senkt:

59

Siegfried

Ein über einem Paukenwirbel viermal einsetzendes Terzenmotiv,

60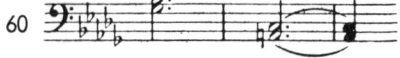

das die Gebärde des Grübelns zum Ausdruck bringt und natürlich dem Ring-Motiv (Beispiel 15) verwandt ist, leitet das Vorspiel zum ersten Akt ein. Es macht den Hörer mit Mimes um Ring, Hort und Schwert kreisenden Gedanken vertraut, deren Motive sich hier mit dem für Mime typischen Schmiede-Motiv der Nibelungen, dem ohrenfälligsten Ausdruck für seine

Arbeit („Zwangvolle Plage! Müh' ohne Zweck!") zu einem sprechenden musikpsychologischen Tonbild vereinigen.

Siegfrieds ungestümen Auftritt charakterisiert eine stürmische Durchführung seines Horn-Motivs:

61

Dieses Horn-Motiv erfährt im Folgenden, v. a. in der „Götterdämmerung", zahlreiche Abwandlungen. In der Szene der Schwertschmiedung bildet es, auf Ketten von übermäßigen Dreiklängen kraftvoll dahinschreitend, den gewaltigen Arbeitsrhythmus des jungen Helden, der mit dem des Nibelungenschmiede-Motivs (Beispiel 21) kontrastiert.

Der Kontrast, wie er in den Charaktergegensätzen Siegfried und Mimes gegeben ist, beherrscht das gesamte Geschehen dieses musikalisch ungemein reizvollen und in seiner Kompositionstechnik manchmal schon an die „Meistersinger" gemahnenden ersten Aktes. Diese Kontraste entstehen hier allerdings nicht durch gegensätzliche Motive und Themen, sondern dadurch, daß die Mime zugeordneten Motive gewissermaßen als Karikaturen und Parodien der Siegfried-Motivik in Erscheinung treten. So verwandeln sich die kraftvollen Quarten von Siegfrieds Ungestüm —

62

— alsbald ins Motiv des „nickenden" und „knickenden" Mime:

63

Diese Quarten bilden dann übrigens im dritten Akt eine weitere Variante, die zum Text „Lachend erwachst du Wonnige mir" die Meistersinger-Nähe in der motivischen Struktur besonders augenscheinlich macht:

Eine einfältige Melodie charakterisiert Mimes Erziehungslied „Als zullendes Kind zog ich dich auf":

Anders rhythmisiert und von Moll nach Dur versetzt, wird sie am Schluß der zweiten Szene zum Motiv von Siegfrieds Freiheitsdrang (das „zullende Kind" hat sich hier gleichsam in einen jungen Helden verwandelt):

Ferner wird die chromatisch absteigende Linie von Mimes kreischendem Gegreine („Das ist nun der Liebe schlimmer Lohn!") —

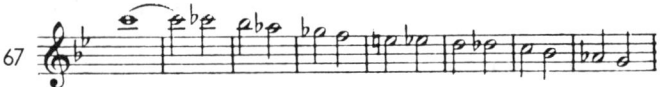

— in ihrer Umkehrung zu dem Motiv von Siegfrieds Liebessehnsucht („Es sangen die Vöglein so lieblich im Lenz" u. a.), dem mehrfach sogar das Liebes-Motiv der Wälsungen angehängt wird:

Das Kontrastieren durch Karikieren bestimmt natürlich auch den großräumigen symphonischen Aufbau der Schlußszene dieses Aktes, in der zwei Schaffensvorgänge, die der Schwertschmiedung und die der Zubereitung des Betäubungstranks, in grotesker Gegensätzlichkeit nebeneinander herlaufen. Siegfried freut sich dort des Gelingens durch dieses kraftvolle Akkordmotiv:

Bei Mimes Freude über das Fortschreiten seines Werks aber werden diese diatonischen Akkorde chromatisch eingetrübt:

Die Verwandtschaft zu dem aus dem Chroma Loges abgeleiteten Tarnhelm-Motiv (Beispiel 24) wird dabei auffällig.
Überhaupt spielt die allem tonartlich und diatonisch fest Gegründeten entgegenwirkende chromatische Feuer-Motivik und -Harmonik Loges in diesem Akt eine wichtige und tiefsinnige Rolle: Als Mime nach der Wandererszene von Angst geschüttelt wird („Verfluchtes Licht! Was flammt durch die Luft? Was flackert und lackert, was flimmert und schwirrt..."), entsteht ein faszinierendes Klangbild, das aus Loge-Motiven besteht, die auf lauter (tonart-fremden) übermäßigen Dreiklängen ruhelos auf- und abgleiten. Darunter brummt — gleichfalls ohne tonartliche Bindung — das Riesenwurm-Motiv (Beispiel 27) und macht dieses schwirrende und flackernde Chaos, dieses halt- und bodenlos dahintreibende Grauen vollkommen. Dies ist einer der Augenblicke, wo Wagners Musik die Schwelle zum Impressionismus überschreitet.
Die Szene wiederholt sich in ähnlicher Weise, als Mime wenig später Siegfried die Lektion im Fürchten erteilt. Dort wird allerdings die Loge-Motivik durch die des Feuerzaubers und der Waberlohe (Beispiel 58) bereichert. Und damit wird dieses grandiose Musikstück auch gleich zu einer tiefenpsychologi-

schen Studie. Denn das „Grieseln und Grausen", das Mime so suggestiv beschwört und das Siegfried so gerne einmal kennenlernen möchte, wird im Orchester bereits zur tönenden Vorahnung der Begegnung mit Brünnhilde, mit dem Wunder des Eros, das Siegfried die Furcht lehren wird!

Die große Szene der Wissenswette stellt dramaturgisch wie auch musikalisch eine große Reprise des Weltgeschehens dar. Als ein Novum erscheint darin ein dem Wanderer zugeordnetes Thema. Wotan tritt im „Siegfried" nicht mit dem Walhall-Thema auf (das gleichwohl nach wie vor immer wieder erscheint), sondern mit feierlich dahinschreitenden Akkorden, die den schweifenden Weltenbummler dadurch charakterisieren, daß sie selber ein „Wandern durch die Tonarten" darstellen:

71

Das Vorspiel zum zweiten Akt beschwört bildkräftig die Atmosphäre des nächtigen Waldes vor der Drachenhöhle. Das Klangsymbol des Drachen Fafner besteht aus dem Kopfmotiv des Riesen-Themas (Beispiel 20) und dem von der Kontrabaßtuba geblasenen Riesenwurm-Motiv (Beispiel 27). Das Riesen-Motiv ist allerdings auf eine bemerkenswerte Weise verändert: an die Stelle der kraftvollen Quart des einstigen Miterbauers von Walhall ist eine schlaffe, zwischen Ges und C hin- und herschlagende übermäßige Quart getreten, gleichsam die unnütze, gefräßige Faulheit des „Kapitalisten" Fafner versinnbildlichend:

72

Im weiteren Verlauf dieses Vorspiels ertönen Ring-, Fluch- und Haß-Motive und suggerieren mit ihren Sinngehalten die Vision einer wahren Schlangengrube. Auch in der folgenden Szene erfährt das motivische Material von Alberichs Fluch aus der vierten „Rheingold"-Szene eine grandios gesteigerte Reprise.

Bemerkenswert ist die gelassene Überlegenheit, mit der Wotan auch musikalisch kontrastiert: zu seinen Worten „Alles ist nach seiner Art, an ihr wirst du nichts ändern", ertönt in Es-dur (Rheintöchter-Tonart!) das aufsteigende Natur-Motiv (Beispiel 2) und verleiht dem Gott einen Anhauch von naturweiser Schicksalsergebenheit. Bei seinem Weggang aber münden die Wanderer-Akkorde (Beispiel 71) in die Abschiedsmelodie aus dem Feuerzauber der „Walküre" (Beispiel 59) und machen so bewegend bewußt, welcher heimliche Schmerz den Wanderer durch die Welt treibt. Diese Melodie erklang übrigens schon einmal, im ersten Akt, in der Szene der Wissenswette, bei Wotans Frage: „Welches ist das Geschlecht, dem Wotan schlimm sich zeigte und das doch das Liebste ihm lebt?" Und sie kehrt noch einmal als wehmütige Erinnerung in der Erda--Szene wieder, als Wotan bei der Textstelle „frommten mir Fragen an sie?" Brünnhildes gedenkt.

Beim Auftritt Siegfrieds und Mimes nimmt die musikalisch-psychologische Schilderung von Siegfrieds Liebeserwachen ihren Fortgang: Als der Zwerg von Siegfried fortgescholten wird, gehen die Mime- und Betäubungstrank-Motive (Beispiel 63 und 70) plötzlich in die ruhige Achtelbewegung des Waldwebens über —

73

— das dann, als sich Siegfried unter der Linde ausstreckt, in E-dur, in der Tonart der Liebe und des Feuerzaubers (!), in seiner endgültigen Gestalt schillert:

74

Und nun tönt es erinnerungsträchtig und liebestrunken aus dem Orchester auf: das Motiv der Wälsungennot (Beispiel 35), das sich dem E-dur-Wohllaut hier aufs Innigste einschmiegt, Siegfrieds Liebessehnsucht (Beispiel 68) und schließlich das Motiv der Freia in der gleichen Gestalt, mit der Loge im „Rheingold" die Liebe gefeiert hat:

Vogelstimmen tönen nun ins flimmernde E-dur des Waldwebens. Die Hauptmelodie des Waldvogels, der später, nach dem Drachenkampf, zu Siegfried spricht, tritt hier hervor:

Daß sie eine auffallende Ähnlichkeit mit der Melodie des Wellengesangs (dem Wiegenlied der Welt!) aufweist, ist ein weiteres Beispiel für die wunderbare Einheit in der Bildersprache der Tetralogie: So wie das Rheingold, behütet von den Rheintöchtern, in der Tiefe ruhte, wie Brünnhilde, umlodert vom Feuer, auf dem Felsen schläft, ruht hier der junge Held im Schoß der ihn mütterlich umhegenden Natur!
Diese Waldvogelmelodie vereinigt sich im dritten Akt, bei der großartigen musikalischen Schilderung von Siegfrieds Weg durchs Feuer, mit der Feuer-, Horn- und Siegfried-Motivik. Sie ist auch bei den anderen folgenden Szenen (mit Mime, als sich dieser mit seinem Betäubungstrank nähert, und mit dem Wanderer im dritten Akt) der immer gegenwärtige Begleiter des jungen Helden: gewissermaßen die Stimme seines Genius.
Besondere Hervorhebung verdient weiterhin der Augenblick, da Siegfried mit seiner Beute, Ring und Tarnhelm, die Drachenhöhle verläßt und das Orchester in C-dur mit dem Rheintöchterjubel aus der ersten „Rheingold"-Szene die Befreiung der Schätze feiert. Ferner die Schelmenszene der miteinander feilschenden Brüder Alberich und Mime, die ein Meisterstück deklamatorisch-parodistischer Typisierungskunst darstellt.

Ein neues Motiv stellt die letzte Szene des Aktes auf, als Siegfried, nach der Brünnhildenverheißung, in leidenschaftlicher Erregung hochfährt:

Es kehrt im dritten Akt, bei der Erweckung der Brünnhilde, wieder und gehört in die Reihe der ekstatischen Motive, von denen wir eines bereits im „Tannhäuser"-Bacchanal (s. d. Beispiel 9) kennengelernt haben und von denen ein anderes als Kundry-Motiv im „Parsifal" (s. d. Beispiel 10) erscheint.
Die Märchenidylle ist mit dem zweiten Akt zu Ende. Weltuntergangsstimmung breitet sich aus, als das Vorspiel zum dritten Akt anhebt: Auf- und abwogende Natur- und Vertrags-Linien, verbunden mit den Wanderer-Akkorden, und auf dem Höhepunkt der stürmischen Entwicklung — gleichsam als Symbol des drohenden Unheils, die Wehe-Sekunden der Frohn im dreifachen Forte (Beispiel 14). Wotan, „der Weckrufer", tritt vor das Felsentor: das Motiv, mit dem er Erda heraufbeschwört und das den neuen Hauptgedanken dieser Szene bildet, entpuppt sich als eine weitere Variante des Liebesnot-Motivs (Beispiel 7 u. 9). Mit seinem stürmischen Anschwung wird es zum Ausdruck eines letzten, leidenschaftlichen Begehrens, mit dem der resignierende Gott dem eigenen Untergang trotzt:

Am Schluß dieser ungemein bedeutungsschweren Szene, die von der Motivik des Werdens und Vergehens (Beispiel 3 u. 4) beherrscht ist, wird dieses Weckrufer-Motiv zur Keimzelle eines neuen Gedankens. Bei der Textstelle „Was in des Zwiespalts wildem Schmerze verzweifelnd einst ich beschloß, froh und freudig führe frei ich nun aus", brandet es noch zweimal begehrend auf und öffnet sich dann: Das tönende Symbol der

Welterbschaft, des Bundes von Siegfried und Brünnhilde, strahlt auf:

Die folgende Szene zwischen Siegfried und dem Wanderer hat mit ihrem Frage-und-Antwort-Spiel wiederum ausgesprochenen Reprisencharakter. Die dramatische Zuspitzung beginnt mit dem Einsatz von Wotans Unmuts-Motiv aus der Walküre (Beispiel 48), das hier groß durchgeführt wird. Als Siegfried den „Feind seines Vaters" in Wotan zu erkennen vermeint, tritt an die Stelle des Unmut-Motivs das der Wälsungennot (Beispiel 35). Als es dann zum Kampf kommt, entfährt dem Schwert-Motiv eine Blitzfigur, aus der, quasi durch Pausen „zerbrochen", die Linie des Speers (Beispiel 19) herausfällt.
Von dem prachtvollen Tongemälde, das Siegfrieds Durchgang durchs Feuer schildert, wurde bereits oben gesprochen. Als Siegfried den Brünnhildenfelsen betritt, wölbt sich ein riesiger Bogen der Geigen, gebildet aus aufsteigenden Freia-Motiven (Beispiel 75) und aus absteigenden Waberlohe-Motiven (Beispiel 58) — das Sinnbild der „seligen Öde". Als in der viergestrichenen Region der Höhepunkt dieses Bogens erreicht wird, intonieren die Posaunen in der Tiefe die Schicksalsfrage (Beispiel 51).
Mit dem gleichen, in unserer bisherigen Erläuterung noch nicht aufgeführten Motiv, mit dem Fricka in der zweiten „Rheingold"-Szene Wotan an sich zu fesseln versuchte („Herrliche Wohnung, wonniger Hausrat sollten dich binden zu säumender Rast"), gerät Siegfried nun in den Zauberbann des Eros:

In der breit ausgeführten Szene der Brünnhilden-Erweckung vereinigen sich endlich all die Faktoren einer seelischen Ent-

wicklung, die bereits als sehnsüchtige Vorahnungen im musikalischen Geschehen des ersten und zweiten Aktes angeklungen sind: „Mutter! Mutter! Dein mutiges Kind! Im Schlafe liegt eine Frau, die hat ihn das Fürchten gelehrt!"
Der Entschluß, Brünnhilde wachzuküssen, führt (ähnlich wie beim jungen Parsifal) über den Gedanken an die Mutter. Die Mutter wird hier musikalisch allerdings nicht mit dem Sieglinde-Motiv gegenwärtig, sondern mit dem bereits in der vorangegangenen Szene aufgetauchten Motiv der Wälsungennot. Seine Variante —

gewinnt jetzt in immerwährenden Wiederholungen einen äußerst erregten Ausdruck, der es dem Motivbeispiel 77 annähert. Zur Textstelle „So saug' ich mir Leben aus süßesten Lippen, — sollt' ich auch sterbend vergehn!" machen die sinkenden Terzen des Motivs „Weibes Wonne und Wert", dieses sterbende Vergehen unmittelbar bewußt. Dann aber steigen im Gegenbogen Freia-Motive auf und in immer heller werdenden Modulationsfolgen wird schließlich der e-moll-Akkord des Erwachens erreicht: ein wundervolles Tonbild für die Verwandlung des Jünglings in den Mann!
Vor den C-dur-Jubel, der der folgenden Szene eine Leuchtkraft gibt, die der Hörer geradezu optisch erlebt, stellt Wagner vier feierlich-ernste Akkorde:

Sie geben ein Rätsel auf. Sind sie nur Ausdruck der großen, segnenden Gebärde, mit der das erwachende Wotanskind die Welt und den neuen Tag begrüßt? Oder enthalten auch sie ein tiefenpsychologisches Geheimnis? Man kann nicht mit Bestimmtheit sagen, ob Wagner diese vier Akkorde bewußt aus dem melodischen Gang des Riesenwurm-Motivs, das in ihrer Oberstimme erscheint, entwickelt hat:

83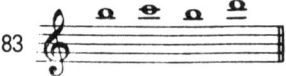

Doch ist dies deshalb sehr wahrscheinlich, weil dieses Riesenwurm-Motiv später im Baß wiederkehrt, als Brünnhilde, vom Taumel erfaßt, die Worte singt: „Wie mein Blick dich verzehrt, erblindest du nicht? Wie mein Arm dich preßt, entbrennst du mir nicht?"
Was soll das Drachen-Motiv an dieser Stelle? Nun, der Drachen ist eben, wie alle Bühnenerscheinung bei Wagner, nur eine der vielen möglichen Erscheinungsformen einer Idee. Und die Idee dieses Drachen-Motivs ist eben nicht bloß der Drachen oder die Riesenschlange (im „Rheingold"), sondern das verzehrende Chaos, das nun als Leidenschaft über Brünnhilde hereinbricht. Man erinnere sich in diesem Zusammenhang daran, daß dieses Drachen-Motiv ja auch bereits in der Szene von Mimes Angstvision eine wichtige Rolle gespielt hat und dort auch nicht stellvertretend für den Drachen, sondern für ein namenloses Grauen vor dem Untergang war!
Ein kleines bogenförmiges Motiv des Jauchzens und des Jubels wird zum sprechenden Symbol des Gedankens „Leuchtende Liebe — lachender Tod":

84

ein neues, mannigfach durchgeführtes Motiv zum Ausdruck des Liebesentzückens:

85

Brünnhildes Erschrecken vor Siegfrieds Begehren beschwört noch einmal, mit Reminiszenzen an Wotans Verzweiflungsausbrüche im zweiten Walküre-Akt, die Not Walhalls herauf. Mit der schönen, warmen Melodie des Siegfried-Idylls

stellt Brünnhilde diesem Begehren die Idee der Freundschaft entgegen. Aber dieses Bild zerfließt in den dahinwogenden Triolengängen der Motivbeispiele 81 und 77. Als beide einander in die Arme stürzen („Fürchtest du, Siegfried, fürchtest du nicht das wild wütende Weib?") vereinigen sich das Walküren- (Beispiel 47) und das Siegfried-Thema (Beispiel 53). Mit einer Kette von jauchzenden Bogenmotiven des Beispiels 84 klingt diese hymnische Liebesszene aus.

Götterdämmerung

Das bereits mehrfach beobachtete Prinzip, die jeweilige Bühnenerscheinung durch die Symbolik der Motive und ihrer Varianten auf die dahinterstehende Idee zurückzuführen und damit alle Bilder des vielfältigen und vielschichtigen Geschehens zueinander in Beziehung zu setzen, tritt in der Symphonik der „Götterdämmerung" vollends in seine Rechte. Das bisherige motivische und thematische Material erfährt neue harmonische Belichtungen, wobei vor allem die Chromatik, als die musikalische Sphäre Loges, eine wichtige Rolle spielt. Darüber hinaus erhalten auch die Intervalle als Elementarteile zertrümmerter Motive eine symboltragende Funktion.

Die Nornen-Szene beginnt mit den vier Akkorden des Brünnhilden-Erwachens (Beispiel 82), die jetzt jedoch aus dem ursprünglichen e-moll-C-dur in das viel dunklere es-moll-Ces-dur transponiert sind. Das charakteristische nächtig-düstere Kolorit verleihen der Nornen-Szene die nach es-moll versetzten auf- und absteigenden Naturlinien (Beispiel 3 u. 4) in Verbindung mit den Akkorden des Schicksal-Motivs (Beispiel 51). Das feierliche Bogenthema der Weltesche, das sich dabei als Kernstück herauskristallisiert („Treu berat'ner Verträge Runen schnitt Wotan in des Speeres Schaft") und das in der Waltrauten-Szene („Der Götter Rat ließ er berufen; den Hochsitz nahm heilig er ein") und beim Weltenbrand des dritten Aktschlusses bedeutungsvoll wiederkehrt, ist eine weitere Variante des Erda-Bogens „Alles was ist, endet":

Natürlich hat auch die Nornen-Szene mit ihrer überhöhten Darstellung des bisher Geschehenen musikalisch Reprisencharakter, wobei man freilich unter Reprise weniger eine Wiederholung zu verstehen hat, als eine komprimierte weitere Durchführung motivischen Materials, das hier den Komplexen der Natur, Walhalls, des Feuers und des Fluchs entstammt.
Am Schluß der Szene treten die Akkorde der Frohn (Beispiel 14) und das Schwert-Motiv (Beispiel 12) als die beiden Ideen, die sich in der entgotteten Welt feindlich gegenüberstehen, nebeneinander („Aus Not und Neid ragt mir des Niblungen Ring: ein rächender Fluch nagt meiner Fäden Geflecht. Weißt du, was daraus wird?"). Zweimal schillert der Torso von Siegfrieds Horn-Motiv (Beispiel 61) auf, dann reißt das Seil und über einem Paukenwirbel auf Fis steigt das Fluch-Motiv (Beispiel 29) auf. Mit dem Ton Fis aber, der fortan leitsymbolische Bedeutung erlangt, ist in der „Götterdämmerung" die harmonische Basis erreicht, auf der Hagens Intrigenwerk aufgebaut wird. Auf Fis stand bereits Alberichs Liebesfluch und seine Verfluchung des Rings, ferner der Auftritt Hundings im zweiten Akt der „Walküre"; auch mit der übermäßigen Quarte des Fafner-Motivs (Beispiel 72) wurde diese harmonische Basis und

vor allem das ihr zugehörige Intervall Ges (= Fis) — C bereits bedeutungsvoll.

Der Auftritt Siegfrieds und Brünnhildes bringt zwei neue, den beiden fortan zugeordnete Motive. Als Variante des Horn-Motivs (dem Symbol des einstigen Waldknaben!) erscheint Siegfrieds Heroen-Motiv:

88

Und daneben steht die Klanggestalt, die der zum liebenden Menschenweib gewordenen Brünnhilde angehört:

89

Mit ihrem hymnischen Charakter ist diese Szene ein Abglanz der Schlußszene aus dem dritten „Siegfried"-Akt. Von der blühenden Diatonik, die hier noch einmal als Sinnbild einer reinen Idealität erstrahlt, aber gilt es, nun Abschied zu nehmen. Das als „Siegfrieds Rheinfahrt" bezeichnete Zwischenspiel, mit dem dieses szenische Vorspiel abschließt, vollzieht den Umschwung aus der diatonischen Naturseligkeit (Horn-Motiv, Feuer-Motive, Natur- und Rheintöchter-Klänge) in die chromatisch eingetrübte, zwielichtige Welt der Gibichungen.

Das Gibichungen-Thema in h-moll (Hagens Tonart) ist achttaktik. Sein Hauptmotiv

90

stellt einen neuen Gedanken dar, der aber durch die ihm vorangehenden fünf Takte bereits aus Bekanntem entwickelt wird, nämlich aus dem Speer-Motiv (!):

91

Daß man hier tatsächlich vom Speer-Motiv sprechen darf, erweist sich im folgenden, wo das Speer-Motiv immer unverhüllter hervortritt (vor allem zu Beginn der Blutbrüderschafts-Szene). Die Musik schlägt hier wieder einmal eine faszinierende ideelle Brücke: der von Siegfried zerschlagene Speer Wotans ist neu erstanden und gewinnt nun in der Hand Hagens eine verderbliche, dämonische Bedeutung!

Nicht minder bedeutungsvoll ist ein nach unten schlagendes Intervall, das als Terz, als Septim, als Oktav, vor allem aber als verminderte und gelegentlich auch als reine Quint in Erscheinung tritt: Hagen hat, ebenso wie Alberich, kein eigentliches, ihm zugehöriges Leitmotiv, sondern nur dieses Intervall, dem wir (als Oktave) bereits einmal in der ersten „Rheingold"-Szene, beim Auftritt Alberichs, als dem Symbol des Todes begegnet sind (Beispiel 6). Diese Quint Hagens beherrscht und bestimmt das ganze musikalische Geschehen dieser Szene. Sie wird zum Ausdruck der Verlockung bei seinen Worten: „... denn hohe Güter weiß ich", oder „... brächte Siegfried die Braut dir heim...":

Sie wohnt dem scheinbar züchtigen Gutrune-Motiv inne:

Und sie wird zu einer Art magischer Formel, als Hagen den Hornruf Siegfrieds erlauscht („Vom Rhein her tönt das Horn"):

Am Schluß der tonmalerisch breit ausgeführten Schilderung von Siegfrieds Ankunft schlägt die Hagen-Quinte gleichsam vor

Freude nach oben. Und zu Hagens gleisnerischem Jubelruf: „Heil! Siegfried! Teurer Held!" ertönt in triumphaler Sinnverkehrung das Fluch-Motiv.

Die Szene des Vergessenheitstrankes ist als Musik eine meisterliche psychologische Studie. Chromatik wird auch hier zum Mittel, die Sinne zu verwirren und den Blick auf klare diatonische Intervallverhältnisse zu trüben. Siegfried beginnt seinen Trinkspruch, der ein Gedenken an Brünnhilde ist, mit dem Liebes-Motiv aus dem dritten Akt des vorangegangenen Werks (Beispiel 85). Die Worte „Den ersten Trunk zu treuer Minne, Brünnhilde, bring' ich dir!" begleitet dann das Welterbschafts-Motiv (Beispiel 79). Der große Sextfall dieses Motivs bleibt dem Hörer als Hauptintervall im Ohr:

95

Da vollzieht sich über einer Trillerkette auf g die chromatische Eintrübung (daß diese Akkorde mit dem Tarnhelm-Motiv sinnverwandt sind, braucht wohl kaum erwähnt zu werden):

96

Und plötzlich stehen, anstelle der großen Sext, die Quinten des Gutrune-Motivs vor Siegfried und nehmen ihn gefangen.

Den Blutbrüderschaftseid leitet, wie bereits erwähnt, das Speer-Motiv ein. Dahinter aber züngeln Loge-Motive, gleichsam als leckten bereits die Flammen an der morbiden Welt! Und in die Zwischenspiele hinein dröhnt immer wieder, gekoppelt an das Speer-Motiv, die Hagen-Quinte. Die Melodie der ersten Strophe wird zu einem in die Entwicklung eingehenden

Leitmotiv („Blühenden Lebens labendes Blut träufelt' ich in den Trank"):

Blü - hen-den Le - bens la - ben-des Blut —

In der dritten Strophe („Bricht ein Bruder den Bund; trügt den Treuen der Freund...") kehrt das Ring-Motiv in ähnlicher Form wieder, in der es einst Hundings Worte „Heilig ist mein Herd" (Beispiel 40) trug:

Bricht ein Bru - der den Bund

Der stürmische Abgang Siegfrieds und Gunthers („Dort liegt mein Schiff: schnell führt es zum Felsen") wird wiederum von flackernden Feuer-Motiven begleitet.

Ungemein bedeutungsvoll für das musikalische Ideendrama wird nun die Szene von Hagens Wacht. Der schleppende Synkopenrhythmus des Haß-Motivs (Beispiel 28) beherrscht nunmehr das orchestrale Geschehen wie ein träge und breit dahinziehender nächtiger Strom. Darunter aber erscheint, an die Hagen-Quinte gekoppelt, das verzerrte Horn-Motiv Siegfrieds:

später sogar, verbunden mit Speer-, Ring-Motiv und Hagen-Quinte das Siegfried-Thema: Sinnbilder der Knechtschaft, in die Siegfried unbewußt geraten ist! Am Ende des düsteren Zwischenspiels, das zur Waltrauten-Szene hinüberleitet und in das immer wieder die vom ehemaligen Vierklang zum dissonanten Fünfklang verschärften Wehe-Akkorde der Frohn hineinklingen (Beispiel 14), erscheint das Brünnhilden-Motiv

(Beispiel 89), das hier, in einer musikalischen Antizipation des Bühnengeschehens, von dem aus der Tiefe aufsteigenden Fluch-Motiv (Beispiel 29) bedroht wird.

Die große balladeske Waltrauten-Erzählung greift in vielem die Stimmung und die Thematik der Nornen-Szene wieder auf. Ihr Kernstück aber ist eine feierliche Schilderung des stumm auf seinem Thron verharrenden Gottes. Die Schicksals-Akkorde (Beispiel 51), die Frohn-Akkorde, die hier auch zum Symbol der von Wotan auf Kundschaft ausgesandten Unglücksraben werden, wehmütige motivische Erinnerungen an Freias goldene Äpfel, Rheintöchter-Klänge und schließlich die Scheidegruß-Melodie (Beispiel 59) verleihen der tragischen Gestalt Wotan hier eine bewegende, suggestive Gegenwärtigkeit.

Kontrastierend zum pathetischen Ernst dieser Erzählung wirkt der liebestrunkene Überschwang, mit dem Brünnhilde die Walkürenschwester begrüßt. Ein hier immer wiederkehrendes Motiv („Lockte dich, Schwester, mein Los?" — „An meiner Wonne willst du dich meiden" u. a.)

offenbart seinen Sinn, wenn man es neben das Gutrune-Motiv (Beispiel 93) stellt: Die Verwandtschaft ist auffallend, und sie besagt letztlich, daß sich Brünnhilde im gleichen Zustand der Verblendung befindet wie Siegfried! Brünnhildes Mißverstehen, oder vielmehr: ihr Nichtverstehenwollen, läßt bei „Wirr und wüst scheint mir der Sinn" eine neue Variante von Wotans Unmuts-Motiv (Beispiel 48) entstehen, die fortan als Symbol des Unheils eine wichtige Funktion erhält (beispielsweise schon in der folgenden Szene bei Brünnhildes Worten „Nun erseh' ich der Strafe Sinn" oder im zweiten Akt bei „Welches Unholds List liegt hier verborgen"):

Mit dem Erscheinen Siegfrieds in Gunthers Gestalt bricht die
Katastrophe über Brünnhilde herein. Die gesamte Motivik des
Trugs (Beispiel 96), Tarnhelms (Beispiel 24), Hasses (Beispiel 28), Hagen-Quinte und Gibichungen-Motiv wird hier
zusammengeführt. Ein neuer Höhepunkt im musikalischen
Fortgang der Tragödie wird erreicht, wenn sich Siegfried,
nachdem er Brünnhilde den Ring entrissen hat, den Tarnhelm
vom Kopf zieht und das Schwert zückt, um es — „die Treue
wahrend dem Bruder" — zwischen sich und sie zu legen. Hier
wird nämlich die Oktav, das Todes- und zugleich Hauptintervall des Schwert-Motivs, selbständig und bildet mit vier Schlägen die Formel der Scheidung:

Unter dem sich dieser Formel anschließenden Schwert-Motiv
selber aber stehen in gleichzeitigem Übereinander Hagen-Quinte und Vertrags-Motiv, die Symbole todbringender
Knechtschaft, denen das Schwert des freien Helden nunmehr
dient.

Unter den in breiter Fülle dahinströmenden Haß-Akkorden (b-moll = Tonart Alberichs), mit denen das Vorspiel zum zweiten
Akt einsetzt und die Stimmung von Hagens Wacht aus dem
ersten erneut aufgreift, steigt eine Baßlinie abwärts und kommt
auf dem immer wieder zurückschlagenden Septimenintervall
(Es-Des) zum Stillstand: Sinnbild der statischen Ruhe, in der
Hagen träumend verharrt, Sinnbild auch seiner Freudlosigkeit;
denn die gleiche Linie trägt später seine Worte: „Gab mir die
Mutter Mut, nicht mag ich ihr zu danken, daß deiner List sie
erlag: frühalt, fahl und bleich, hass' ich die Frohen, freue mich
nie!"

In lebhaft bewegte Hektik wechselt diese Synkopenrhythmik
beim Erscheinen Alberichs. Bei Alberichs Antwort auf die

Frage seines Sohnes — „Der Ewigen Macht, wer erbte sie?" — „Ich und du! Wir erben die Welt" — verwandelt sich diese soeben erwähnte absteigende Linie in ein neues Leitmotiv, das fortan zum Symbol des Mordes wird:

104

Im übrigen werden in dieser Reprisenszene alle anklingenden Motive und Themen mit dieser Haß-Rhythmik in Beziehung gesetzt.

Der Tagesanbruch (es ist Hagens Tag, der da heraufdämmert!) bringt in Gegenbewegung zu der absteigenden Linie ein aufsteigendes Motiv: Inbegriff von Hagens dämonischer Lustigkeit, genau besehen aber eine Variante von Siegfrieds Horn-Motiv (!), das hier zu einem längeren Thema ausgesponnen wird und später das Material für die großen Mannenchöre liefert:

105

Das Horn-Motiv, kombiniert mit Feuer- und Tarnhelm-Motiven, beherrscht auch die Szene zwischen Siegfried und Gutrune, und es erhält eine weitere Variante in Gestalt seiner Umkehrung beim Hochzeitsruf:

106

Dieses rauhe Horn-Motiv steht in C-dur: Siegfried feiert seine zweite Hochzeit, die wie die erste („Siegfried", dritter Akt!) in der Tonart des Lichts steht. Aber sie ist hier durch eine Dissonanz gestört und getrübt: Zu den C-dur-Klängen gesellt sich immer wieder, bis zum Schluß des Aktes, der tonartfremde Ton Fis, der Ton Hagens! Schon Hagens Mannenruf, das berühmte „Hoiho!" ist ganz auf dieser ideentragenden Intervallkonstruktion C-Fis aufgebaut (es ist die Hagen-Quinte, auch die verminderte Quinte des Drachen Fafner!). Sie wird später zur Formel des Rachebunds, mit dem der Akt ausklingt:

107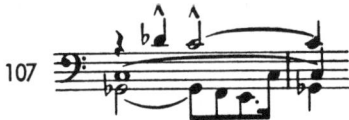

Bemerkenswert ist auch, wie die Musik den ironischen Unheilsruf Hagens („Not ist da! Not! Wehe! Wehe!") sinngebend deutet, indem dazu die absteigende Linie des Erda-Bogens „Alles, was ist, endet!" ertönt, das Götterdämmerungs-Motiv also, hier Sinnbild für die Entgottung der Welt!
Ihre äußerste Verdichtung erreicht die Massenszene beim Speereid Siegfrieds, der wiederum ganz aus auf- und abschlagenden Hagen-Quinten aufgebaut ist

108

und der, als er von Brünnhilde im Gegeneid wiederholt wird, noch dadurch weiter gesteigert wird, daß es zwischen Trompete und Gesangsmelodie zu einer Art Engführung kommt.
Eine dritte Steigerung aber erfährt dieser Speereid in der Schlußszene des Aktes, in dem (fast opernhaft) zum Terzett verdichteten Racheschwur Hagens, Brünnhildes und Gunthers, bei der Anrufung Wotans und Alberichs. Den Kontrast der danach wieder in C-dur einsetzenden Hochzeitsmusik verschlingt die Formel des Rachebunds (Beispiel 107) mit dem alles beherrschenden Intervall C-Fis.
Der dritte Akt der „Götterdämmerung" untersteht ganz und gar dem Gesetz der Reprise, wobei man sich noch einmal bewußt werden sollte, daß „Reprise" im „Ring" nicht „Wiederholung" bedeutet, sondern vielmehr ein immerwährendes Erinnern: Vergangenes bzw. bereits Gehörtes wird in neue Stimmungen und Belichtungen eingetaucht und dadurch gestaut und gesteigert. Der Gipfel der Rückschau, der in diesem letzten Akt

der Weltentragödie gewonnen wird, steht im Zeichen von Siegfrieds Tod, im Zeichen einer herbstlich trunkenen Abschiedsstimmung.
Im Vorspiel wird mit dem als Jagdmusik von der noch geschlossenen Bühne herabtönenden Horn-Motiv (Beispiel 61) und dem von Posaunen geblasenen „Hoiho" Hagens (Beispiel 107) noch einmal an die Motivik des vorangegangenen Aktes angeknüpft. Dann intonieren acht Hörner (allerdings in F-dur) erinnernd noch einmal die aufsteigenden Naturtöne des „Rheingold"'-Anfangs (Beispiel 1). Diese in den Rheintöchtergesang einmündenden Klänge werden jedoch alsbald von einer neuen Rheintöchter-Motivik abgelöst; sie grundiert die Stimmung dieser Szene; impressionistische Tonmalerei, Abendsonnengold auf bewegtem Wasser:

109

Ihre dramatische Verdichtung erfährt diese lyrisch begonnene Szene, wenn die drei Rheintöchter aus dem Neckspiel plötzlich zum Ernst übergehen und mit dem Ruf „Siegfried! Siegfried! Schlimmes wissen wir Dir!" (Wehe-Akkorde, die wir bereits als Varianten des „Rheingold"-Rufs gedeutet haben!) —

110

zu Schicksalskünderinnen werden. Das Fluch-Motiv taucht hier auf und — in Ketten — das Ring-Motiv, das Symbol der Macht, dem Siegfried hier verfällt, indem zu seiner übermütigen Verhöhnung des Schicksals („Den Reif entringt ihr mir

nicht! Denn Leben und Leib, seht: so werf' ich sie weit von mir!") die Frohn-Akkorde (Beispiel 14) ertönen.
Das Fluchmotiv leitet auch ahnungsvoll die folgende Szene ein, die mit Siegfrieds Erzählungen von seinem Waldknabendasein, von Mime, von der Schwertschmiedung, vom Drachenkampf und den Verheißungen des Waldvogels vollends zur gerafften, erinnernden Reprise wird. Die Verklärung des sterbenden Siegfried („Brünnhilde, heilige Braut!") greift motivisch noch einmal auf die Szene der Brünnhildenerweckung mit den vier geheimnisvollen Akkorden zurück (Beispiel 82). Der Trauermarsch aber wird, indem er sämtliche Wälsungen-Themen zusammenführt, zur erinnernden und zugleich tragisch festlichen Apotheose dieses Heldenschicksals, dieses göttlichen Traums von einem freien Menschen.
Die Befreiung des musikalischen Geschehens aus der chromatichen Trübung und Komplikation erfolgt beim Auftritt Brünnhildes in der Schlußszene. Das aufstrahlende Schwert-Motiv macht hier Hagens wilden Triumph zunichte. Mit den ab- und aufsteigenden Natur-Motiven („Schweigt eures Jammers jauchzenden Schwall!") tritt Erdas Tochter ihr Erbe an und stellt, musikalisch gesehen, die reinen, ursprünglichen Intervallverhältnisse wieder her. Bei Brünnhildes Verweis an Gutrune („Sein Eheweib warst du nie, als Buhlerin bandest du ihn. Sein Mannesgemahl bin ich...") wird aus den Quinten des Gutrune-Motivs (Beispiel 93) wieder das Motiv der Welterbschaft (Beispiel 79). Die Szene des Vergessenheitstrankes wird hier umgekehrt!
Entsprechendes vollzieht sich auch in Brünnhildes Schlußgesang, wenn an der Stelle „Auch deine Raben hör' ich rauschen, mit bang ersehnter Botschaft send' ich die beiden nun heim" noch einmal die Wehe-Akkorde der Frohn erklingen und sich dann aber bei „Ruhe, Ruhe du Gott!" in die großen Sekunden des „Rheingold"-Rufs und der Walhall-Klänge zurückverwandeln.
Die Deutung, die der Musiker Wagner dem vieles offenlassenden Schluß der „Götterdämmerung" gibt, setzt bereits im

letzten Teil von Brünnhildes Schlußgesang ein: Nach dem Ruf „Grane, mein Roß, sei mir gegrüßt!" erscheint an der Stelle „Im Feuer leuchtend liegt dort dein Herr, Siegfried, mein seliger Held" jenes Motiv, das in der gesamten Tertalogie nur ein einziges Mal erklungen ist, nämlich im dritten Akt der „Walküre", bei Sieglindes Jubel über das ihr verheißene Mutterglück (Beispiel 54). Es wird zum beherrschenden Gedanken dieser Schlußszene.

Als nach dem Zusammenbruch der brennenden Halle der anschwellende Rhein die Trümmer überflutet, die Rheintöchter den wiedergewonnenen Ring halten und das Orchester den Wellengesang (Beispiel 5) wieder intoniert, strahlt darüber sieghaft dieses Motiv auf. Und als das Walhall-Thema sich in der Feuerfiguration Loges aufgelöst hat und zum letzten Mal das Thema Siegfrieds erklungen ist, wird es zum verklärenden Abgesang: ein Lichtbogen der Erinnerung an die Liebe, der Triumph des Mütterlichen über Tod, Vernichtung und Zusammenbruch.

Tristan und Isolde

PERSONEN: Tristan: Tenor (gr. P.); König Marke: Baß (m. P.); Isolde: Sopran (gr. P.); Kurwenal: Bariton (m. P.); Melot: Tenor (kl. P.); Brangäne: Mezzosopran (m. P.); ein Hirt: Tenor (kl. P.); ein Steuermann: Baß (kl. P.); Junger Seemann: Tenor (kl. P.). Chor: Schiffsvolk, Ritter und Knappen.

ORCHESTERBESETZUNG: 16 erste Violinen, 16 zweite Violinen, 12 Bratschen, 12 Celli, 8 Kontrabässe, 3 große Flöten, von denen die dritte mit der kleinen Flöte wechselt, 2 Oboen, 1 Englisch Horn, 2 Klarinetten, 1 Baßklarinette, 3 Fagotte, 4 Hörner, 3 Trompeten, 3 Posaunen, 1 Baßtuba, 1 Paar Pauken, 1 Triangel, 1 Paar Becken, 1 Harfe. Bühnenmusik.

Komponiert 1857—59
Uraufführung am 10. Juni 1865 in München

„Tristan und Isolde" steht als das dichteste und leidenschaftlichste Musikdrama im Mittelpunkt von Richard Wagners reifem Schaffen. In ihm haben sich alle theoretischen Forderungen, die Wagner in seinen Schriften für sein eigenes Schaffen aufgestellt hat, wie von selbst erfüllt. Und von ihm aus spannen sich die Fäden geistiger Zusammenhänge nach den drei anderen Werken der großen Reifetetralogie: nach dem „Ring", den „Meistersingern" und dem „Parsifal".
Als Wagner 1857 seine Kompositionsarbeit am zweiten Siegfried-Akt unterbrach, um sich dem Tristan-Stoff zuzuwenden, beherrschte ihn das Gefühl, daß er sich damit keineswegs „aus dem Kreise der durch die Nibelungenarbeit geweckten dichte-

rischen und mythischen Anschauungen entferne", weil er im Tristan eine Art „Ergänzungsakt zur Siegfried-Brünnhilde-Tragödie" sah, in der „das dort dargestellte tragische Verhältnis des Todes durch Liebesnot hier nur breiter ausgeführt würde". Tatsächlich haben die Gestalten Tristan und Siegfried innerlich viel Gemeinsames: beide sind elternlos; beide führen das für sie bestimmte Weib einem anderen zu und gehen an den tragischen Konsequenzen zugrunde.

Die Beziehungen zu den „Meistersingern" erhellt unmittelbar das berühmte Zitat der Tristan-Sehnsuchts-Akkorde im dritten Akt zu den Worten des Hans Sachs: „Mein Kind, von Tristan und Isolde kenn' ich ein traurig Stück. Hans Sachs war klug und wollte nichts von Herrn Markes Glück." — Wird die tristanische Liebestragik hier in der heiter-philosophischen Diesseitigkeit einer Opernkomödie überwunden, so erfährt ihr Problem und seine Überwindung im „Parsifal" seine äußerste mythische Vergeistigung: die symbolische Wunde Tristans, die in der Leidensgestalt des Amfortas wiederkehrt, schließt der Speer, den der durch Mitleiden wissend gewordene Thor ins Heiligtum zurückbrachte (Wagner: „Mir wurde das plötzlich erschreckend klar: es (Amfortas) ist mein Tristan des dritten Aktes mit einer unendlichen Steigerung. Die Speerwunde und wohl noch eine andere — im Herzen, kennt der Arme in seinen fürchterlichen Schmerzen keine andere Sehnsucht, als die, zu sterben.")

Die Tristan-Handlung basiert auf einer umfangreichen Vorgeschichte, die Wagner nicht etwa als Ganzes in einer Erzählung zur Darstellung bringt, sondern bruchstückweise, und zwar in den verschiedensten subjektiven Beleuchtungen, in den gesamten Text, in Monologe und Dialoge eingewoben hat. Ihre genaue Kenntnis ist wichtig zum Verständnis der psychologischen Fakten.

Tristans Weltverhältnis ist aus seiner mutterlosen Kindheit bedingt. Genau wie Siegfried ist er Vollwaise: der Vater ist vor seiner Geburt gestorben, die Mutter hat ihn sterbend zur Welt gebracht. Während Siegfried jedoch in der Natur aufwächst, die ihn mütterlich umhegt, wird Tristan bei seinem Onkel, König Marke, in einer höfischen Welt großgezogen. Ihr Symbol ist „der Tag", sind die Tugenden des Mannes: Ehre, Ruhmsucht, Tatendurst. Und Tristan wird zum strahlenden Helden dieses höfischen „Tages" („Ein Herr der Welt, Tristan, der Held!"), zum siegreichen Streiter seines Königs. Im Freiheitskampf gegen Irland erschlägt er dessen Helden Morold, den Verlobten der Isolde. Aber in diesem Kampf empfängt er auch eine Wunde, der, bei Wagner jedenfalls, eine sehr viel tiefere denn zufällige Bedeutung zukommt: sie will nicht heilen; sie zwingt ihn, übers Meer zu fahren und unter falschem Namen in Irland, bei der „Ärztin Isolde", Genesung zu suchen. Damit gewinnt aber auch Irland seine symbolische Bedeutung für das Drama. Es ist der magische Gegenpol zur „Tageswelt" Cornwall, das Reich der Mütter, der Bezirk eines zauberischen Noch-eins-seins mit den Schöpfungskräften der Natur: Isoldes Mutter besaß die „Macht, über Wind und Sturm zu gebieten"; sie gibt der Tochter später geheimnisvolle Zaubertränke mit auf die Fahrt nach Cornwall! — Eine vergleichende Betrachtung mit einer anderen Wagnerschen Gestalt gibt auch hier wiederum interessante Aufschlüsse: der junge Parsifal läuft seiner Mutter davon, um in der Väterwelt des Grales seine Bestimmung zu finden. Der verwundete Tristan aber verläßt die Männerwelt, um bei den „Müttern" sein Schicksal zu erfahren: Isolde pflegt und heilt den fremden Mann. Aber eine Scharte seines Schwertes verrät ihr, wer er ist. Als Braut des erschlagenen Morold schickt sie sich zur Rache an. Da trifft sie der Blick des Feindes, und das Schwert entfällt ihr. Kein Liebesgeständnis, kein Kuß erlöst das Geheimnis dieser Blickbegegnung, die beider Schicksal ausweglos ineinander verknotet. Geheilt tritt Tristan die Heimreise an und schwört beim Abschied lediglich „ewigen Dank und Treue".

Das Geheimnis, das Tristan jedoch als absolute Erfahrung mit übers Meer nimmt, gewinnt in der höfischen Helle des Cornwall-Tags politische Perspektiven. Zum einen schiebt sich für den ehrbewußten Ritter das Gesetz der ungesühnten Blutschuld als Tabu vor eine Werbung um die Braut des erschlagenen Morold. Zum anderen aber fühlt sich der Höfling Tristan von Intriganten und Neidern bedrängt und möchte seinen Ruhm als treuester Königsvasall durch eine Tat von äußerster Selbstlosigkeit neu erhärten: er erbietet sich, seinem Onkel Marke Isolde, „der Erde schönste Königsbraut", als Gemahlin nach Cornwall zu bringen. In selbstzerstörerischem Trotz fährt Tristan zum zweiten Male nach Irland. Und Isolde folgt ihm, dem Brautwerber König Markes.

Hier setzt die Bühnenhandlung ein. Die scheinbare Glücksfahrt dieses Hochzeitsschiffes steht in beklemmendem Gegensatz zu der todesschwangeren Atmosphäre, die sich von Isoldes Zeltgemach zu dem an der Reeling vor sich hinstarrenden Tristan hinüberspannt. Je freudiger die Jubelrufe des Seemannschores die nahe Ankunft in Cornwall verkünden, desto deutlicher begreifen beide, daß das Schiff nicht ankommen darf. Vergebens läßt Isolde Tristan bitten und schließlich befehlen, zu ihr zu kommen. Er verschanzt sich hinter die Gebote der höfischen Sitte, und ihr ausbrechender Zorn über den geliebten Verräter, der sich ihr entzieht, steigert sich bis zu megärenhafter Wut, bis zum Fluch auf das Haupt des Verruchten. Erst ihre Drohung, ihm nicht ans Land zu folgen, nötigt ihn in ihr Zelt. Aber die erzwungene Aussprache führt zu keinem Bekenntnis. Dem bitteren Hohn Isoldes begegnet Tristan mit verstocktem Schweigen. Das Schwert, das er ihr in furchtbarem Trotz anbietet, um mit ihm die begehrte Sühne zu vollziehen, weist sie spottend zurück. Erst als er den ihm gebotenen Sühnetrank an die Lippen führt, bekennt er in knappen, formelhaften Worten den verhängnisvollen Zwiespalt seiner Existenz: „Tristans Ehre — höchste Treu! Tristans Elend — kühnster Trotz! — Trug des Herzens! Traum der Ahnung! Ew'ger Trauer einz'ger Trost: Vergessens kühner Trank, dich trink ich sonder Wank!"

Tristan und Isolde, die ihm die Schale entreißt, sind der festen Überzeugung, den Tod zu trinken, der ihnen die Lösung ihrer Lebensqual verheißt. Dies ist das allein entscheidende Faktum in der Wagnerschen Tristan-Dichtung: nicht der zauberkräftige

„Liebestrank", den Brangäne anstelle des Todestrankes heimlich in die Schale gegossen hat, bewirkt die Verwandlung, sondern die feste Überzeugung beider, gemeinsam zu sterben. Im Angesicht des vermeintlichen Todes aber werden sie frei von allem, was sie trennte: frei zum Bekenntnis ihrer Liebe. Die Fesseln der höfischen Sitte, des Blutschuldgesetzes, der trotzigen Verstocktheit fallen ab. Und wenn sie auch um den ersehnten Tod betrogen werden, so kehren beide doch als Verwandelte ins Leben zurück: Überwältigt sinken sie sich in die Arme. Der Welten-„Tag" hat seine Bedeutung für sie verloren; sie sind in der „Nacht" ihrer Liebeswahrheit angelangt. Welch ungeheuer tragischer Kontrast aber klafft dadurch auf, daß das Brautfahrerschiff im gleichen Augenblick am Ziele anlangt: in Cornwall, im grellen Welten-„Tag", der die Liebenden auseinanderreißt! Denn am Ufer steht König Marke, um seine Braut zu empfangen.

Das tönende Mysterium des zweiten Aktes steht auf dem Boden dieses tragischen Zwiespalts. Sein Symbol ist die Nacht — die reale Nacht zunächst, die dem Paar zur heimlichen „Liebesberge" geworden ist. König Marke ist zu einer Jagd ausgezogen. Dem Flehen Brangänes trotzend, löscht Isolde die zur Warnung Tristans ausgesteckte Fackel. Der Geliebte stürmt herein. Atemlos, stammelnd, jauchzend fliegen sie sich in die Arme. Doch diesem Jubelsturm im Zeichen hochauflodernder, hocherotischer Diesseitigkeit folgt eine Abspannung bis zur tiefsten Ruhe eines seligen, die Grenzen von Ich und Du auflösenden Liebesbewußtseins, in das gleichwohl der warnende Wachtgesang der Brangäne hineintönt: „Habet Acht! Bald entweicht dem Tag die Nacht!" Und hier, in der reinen kontemplativen Anschauung ihrer Liebe, erwacht erneut der Todeswunsch. Tod bedeutet für beide jetzt aber nicht mehr Vergessen wie im ersten Akt, sondern höchste Erfüllung und Verewigung ihrer Liebe.

Die aus diesem metaphysischen Wunschglauben erneut auflodernde Ekstatik aber zerreißt eine grelle Dissonanz: der „Tag" bricht in den Traum ein; die Liebenden sind verraten und umstellt; mit seiner erschütternden Anklage — „Mir dies! Dies, Tristan, mir!" stellt König Marke den Freund, der ihn betrogen hat. Doch kommt der König nicht, um zu rächen und zu bestrafen; er will den Grund für das ihm widerfahrene Unbegreifliche erforschen, nur um zu verstehen.

Aber von den Nachtgeweihten zu den Exponenten des Tages führt keine Brücke mehr. Mit seinem „Oh König, das kann ich dir nicht sagen" verschließt Tristan sein Geheimnis vor dem königlichen Freund genauso, wie er es im ersten Akt vor Isolde verschloß, als er ihr erwiderte: „Des Schweigens Herrin heißt mich schweigen..." Und es wirkt wie eine bittere Verhöhnung der Welt, deren Held er einstens war, wenn er jetzt den verräterischen Freund Melot zum Zweikampf fordert und sich, indem er das eigene Schwert fallen läßt, in dessen Waffe stürzt.

Kareol, Tristans Väterburg, ist der Schauplatz des dritten Aktes. Dorthin, in die Heimat, hat der Schildknappe Kurwenal seinen verwundeten Herrn entführt. Dort, auf seinem Siechbett hoch über dem Meer, lernt Tristan im Durchgang durch Fieberhöllen von exzessiver Schaurigkeit seinen tragischen Lebenskonflikt deuten und sterbend überwinden. Faszinierend ist die Bemerkung, wie die Handlungsspirale hier Vergangenes potenzierend wiederholt, indem sie Handlungsmotive aus der Vorgeschichte und des zurückliegenden Bühnengeschehens mit Gegenwärtigem in Beziehung setzt. In drei Hauptstationen erleben wir diese geistige Durchdringung des bereits Vollzogenen. Die erste zeigt uns Tristan im Gefängnis seiner Leidenschaft und seiner Sehnsucht. Ihr Symbol ist die Wunde, die er von Melot empfangen hat und die auch alsbald mit jener anderen, die ihm einst Morold geschlagen hat, in Beziehung gesetzt wird. Das Heil, das damals für ihn Leben bedeutete und das er jetzt im Tode sucht, kann ihm nur die gleiche „Ärztin", Isolde, bringen, ohne die er nicht sterben kann. Kurwenal hat nach ihr ausgesandt. In wilden Fieberphantasien glaubt Tristan bereits das Schiff zu erkennen, das sie zu ihm bringt. Doch der mitleidende Freund muß ihm die Hoffnung zerstören: „Noch ist kein Schiff zu sehn."

Die zweite Hauptstation zeigt den erkennenden Tristan. Ihr Symbol ist die endlos forttönende traurige Hirtenweise, die ihm altvertraut seine Kindheit wieder in Erinnerung bringt, die ihm von „Vaters Not und Mutterweh" erzählt und die die schwermütige Leitmelodie seines Lebens bildete, das er nun sinndeutend erkennt als „Sehnen! Sehnen! Im Sterben mich zu sehnen, vor Sehnsucht nicht zu sterben!" (Nicht unwesentlich in diesem Zusammenhang erscheint auch die Funktion des heimatlichen Schauplatzes: Kareol, das er einst verließ und verschenkte, um nach Cornwall zu ziehen und in das er nun zurückgekehrt ist, ist der neutrale Ort jenseits der Spannungspole Cornwall und Irland; er ist der heimatliche Ausgangs- und Endpunkt dieses Lebens und somit auch Brennpunkt einer sinndeutenden Überschau.) Als weiteres Symbol taucht in Tristans qualvoller Selbsterforschung das Motiv des vertauschten Sühnetranks auf, mit dem er um den ersehnten Tod betrogen wurde, den er nun als die Essenz aller Lebensbejahung deutet, wenn er in kühner Überhöhung erkennt: „Ich selbst, ich selbst, ich hab' ihn gebraut!" und den er schließlich verflucht. Damit ist die Fessel dieser Lebensqual zerrissen.

Die dritte Hauptstation zeigt uns den verklärten Tristan: Noch einmal glaubt der Fiebernde, das ersehnte Schiff zu sehen und auf ihm Isolde als seine Erlöserin, in überirdischer Schönheit. Nicht angstvoll und verzweifelnd mehr, sondern aus dem überzeugten Wissen um die Nähe der Erfüllung scheucht Tristan Kurwenal zur Warte. Und die Vision wird zur Wirklichkeit: die freudige Weise ertönt, Isoldes Schiff legt an.

In einem Jubel ohnegleichen erhebt sich Tristan von seinem Schmerzenslager und reißt sich, den Traum in die Tat wandelnd, den Verband von der Wunde. „Wie, hör' ich das Licht? Die Leucht erlischt! Zu ihr, zu ihr!" stammelt er, außer sich vor Entzücken. Denn Isolde ist das Licht, das nun, da ihm die irdische Sonne erlischt, vor ihm aufgeht, wenn er ihr sterbend zu Füßen sinkt.

Noch einmal, wie bei den anderen Aktschlüssen, bricht der „Tag" in die Innenhandlung ein: Auf einem zweiten Schiff sind

Marke und Melot Isolde gefolgt, doch nicht in feindlicher Absicht, sondern, da Brangäne das Geheimnis der vertauschten Tränke offenbart hat, um zu versöhnen und dem Paar das vermeintliche Glück zu schenken. Kurwenals Weigerung, die Ankömmlinge einzulassen, verwandelt jedoch die Szene in eine Walstatt.

In tiefer Trauer beklagt Marke die Toten. Aus der Nacht, in die ihn die unheilvollen Geschehnisse gestoßen haben, führt auch jetzt keine Brücke mehr hinüber in das mysteriöse Geheimnis der Liebe, die der Verwandlung von Tod in Leben mächtig ist: Isolde, die vor der Leiche Tristans um ein „letztes, ewig kurzes Weltenglück" geklagt hat, erhebt sich als eine Verklärte. Eine andere Erdastochter, geleitet sie den Erlösten heim ins ersehnte, mütterliche Reich der ewigen Nacht.

Musikalische Einführung

Den Schlüssel zur poetischen Idee der Tristan-Musik, zu ihrem Wesen, ihrer Struktur, ihrem Stil und ihrer Technik liefern bereits die ersten drei Takte des Vorspiels: ein akkordisches Knospenmotiv, aus dessen Entwicklung im Vorspiel ein Großteil des gesamten motivischen Materials des Musikdramas herauswächst, und zugleich eine der genialsten Formeln der Musikliteratur, die den Gang der Musikgeschichte nach Wagner bis hin zum zwölftönigen System entscheidend mitbestimmt hat:

Den Sinn dieses Motivs erschließt uns die Tantris-Erzählung der Isolde aus dem ersten Akt, in der dieses Knospenmotiv zerlegt wird. Isolde berichtet dort von der Fahrt des siechen Tristan nach Irland: „Von einem Kahn, der klein und arm an Irlands Küsten schwamm, darinnen krank ein siecher Mann elend im Sterben lag." Dazu erklingt folgende Musik:

2

Sie ist im wesentlichen eine von Halbton zu Halbton absinkende, sogenannte chromatische Tonleiter. Eine solche ist bei Wagner immer Ausdruck für ein Verlöschen des Bewußtseins, ein Hinabsinken ins Todesreich, in den Schlaf, zu den Müttern (man vergleiche damit das Schlaf-Motiv aus dem Ring, S. 99, Nr. 57 und seine Funktion etwa am Schluß der Nornen-Szene: „Hinab zur Mutter! Hinab!") Tatsächlich ist ja auch Tristans Fahrt nach Irland, zu der „Ärztin" Isolde, eine Fahrt „zu den Müttern"!

In der Fortsetzung der Tantris-Erzählung aber begegnen wir gleich anschließend dem umgekehrten melodischen Vorgang. Die Worte „Isoldens Kunst war ihm bekannt; mit Heilsalben und Balsamsaft der Wunde die ihn plagte, getreulich pflag sie da" begleiten steigende Halbton-Linien: Inbegriff der Hoffnung, der Sehnsucht nach dem Leben:

3

In dem Knospenmotiv des Vorspielanfangs aber sind beide Halbtonlinien, die fallende und die steigende. ineinander verwoben. So darf diese Formel als das Symbol des ausweglosen Verhängnisses gedeutet werden, des Zaubers, dem Tristan verfällt und dem er im dritten Akt selber eine Deutung gibt: „Sehnen! Sehnen! Im Sterben mich zu sehnen, vor Sehnsucht nicht zu sterben!"

Beziehungsvoll erklingt diese Formel denn auch überall im Werk, wo jener Zauber beschworen wird, wenn Brangäne im ersten Akt den Vorhang des Zeltes aufreißt und Isoldes Blick auf Tristan fällt: „Mir erkoren — mir verloren, — hehr und heil — kühn und feig! Todgeweihtes Haupt! Todgeweihtes Herz!" Hier mündet das Motiv nach einer mehrfachen steigernden Wiederholung in die Akkorde des Todes:

Oder sie erklingt, wenn Brangäne Isolde an die zauberkräftigen Tränke und damit an den Liebestrank erinnert, den sie mit sich führt. Sie erscheint nach dem Genuß des Sühnetranks, wo dieser Zauber Macht gewinnt. Im zweiten Akt gibt sie die Antwort auf Markes Frage nach dem „unerforschlich tief geheimnisvollen Grund", die Tristan nicht beantworten kann. Und sie erklingt zum letzten Male, wenn sich der Konflikt löst, wenn Tristan sterbend zu Boden sinkt. Darüber hinaus erfährt das Knopsenmotiv zahlreiche Ab- und Verwandlungen. Ein schönes Beispiel dafür ist die Stelle im zweiten Akt, wo Isolde Brangänes Warnungen in den Wind schlägt: „Frau Minne kenntest du nicht? Nicht ihres Zaubers Macht? Des kühnsten Mutes Königin, des Weltenwerdens Walterin?" — Hier wird das Motiv in einer auffallenden Verwandlung seines gequälten Ausdrucks zum leuchtenden Ausgangspunkt einer blühenden melodischen Entwicklung.

In einer wiederum anderen Gestalt begegnen wir ihm im Vorspiel des dritten Aktes, wo es — Sinnbild von Tristans Siechtum — als Vorhaltsdissonanz in den f-moll-Akkord aufsteigt,

bis nach dreimaliger Wiederholung die schwer lastenden Bässe verstummen und die Sehnsuchtslinie, von aller Erdschwere befreit, in Terzgängen der Geigen nach oben entschwebt:

6

Endlichkeit und Unendlichkeit sind hier in ein suggestives Klangbild eingefaßt.

Eine weitere Variante erfährt das Auf und Ab des Knospenmotivs im Vorspiel des zweiten Aktes: die hier diatonisch aufsteigende Sehnsuchtslinie ist Ausdruck der Erwartung:

7

Die fallende Linie aber wird zum tönenden Symbol der verlöschenden Leuchte:

8

Und diese Variante wird sofort weiter variiert zu jenem Motiv der Erfüllung oder der Seligkeit, dem wir in seiner leuchtendsten Ausprägung am Schluß des Liebestodes begegnen:

9

Nun ist dieses Knospenthema des Vorspielanfangs, wie gesagt, nicht nur Keimzelle der poetischen Idee, sondern auch der Kompositionstechnik und der Tristan-Harmonik.

Der Technik: seine dreimalige Wiederholung auf immer höheren Tonstufen im Vorspiel kennzeichnet das bestimmende Kompositionsverfahren des gesamten Werkes; die nahezu überall auffällige Sequenzierung der vorwiegend sehr kleinen Motivbausteine (Sequenzierung bedeutet Wiederholung einer Klanggestalt auf einer anderen Tonstufe) gibt diesem Musikdrama seine ruhelose, von Steigerung zu Steigerung jagende Ekstatik.

Die Harmonik: sie ist großenteils „chromatisch", d. h. daß die aus Halbtönen gebauten Linien, die wir kennengelernt haben, auch das Wesen der Akkorde und ihrer Fortschreitungen bestimmen; im ständigen Weitermodulieren von Akkord zu Akkord (Sinnbild endloser Qual!) wird ein Ausruhen in einer klar fixierten Tonart umgangen. Charakteristisch dafür ist die Tatsache, daß das Vorspiel zwar in a-moll konzipiert ist, daß der a-moll-Akkord aber kein einziges Mal darin vorkommt! Und dieser Technik des ständigen harmonischen Fortschreitens entspricht auch die faszinierende Tatsache, daß neue Themen und Motive nicht eigentlich „aufgestellt" werden, sondern aus dem Strom der ewigen Melodie und des ewigen Harmoniewechsels herauswachsen. So hebt sich aus der breiten melodischen Entwicklung, die im Vorspiel nach dem dreimaligen Einsatz des Knospenmotivs und der zu dieser Entwicklung drängenden, ebenfalls dreimaligen Wiederholung seiner letzten beiden Noten (Eis-Fis) einsetzt, eine melodische Gestalt, die im Drama zum Motiv der Blickbegegnung wird (Isolde: „Er sah mir in die Augen", Liebestrankszene, Tristans Tod).

10

Seine sofort folgende Variante

11

begleitet später Brangänes Verheißung: „Den hehrsten Trank, ich halt' ihn hier", ist also das Liebestrank-Motiv, zu dem sich aber sofort, und zwar als ein hier ganz natürlicher Baßgang, das Todestrank-Motiv gesellt:

Über diesem „Todestrank-Baß" aber steht bereits wieder eine neue, aus dem Vorangegangenen jedoch völlig organisch entwickelte, verwandte Motivgestalt,

die im dritten Akt (Vorspiel, Kurwenal: „... erschien zuvor die Ärztin nicht" u. a. O.) Kurwenals Mitleiden zum Ausdruck bringt:

Eine Art Umkehrung des Liebestrank-Motivs (Variante der Variante) aber wird dann auf dem Höhepunkt des Vorspiels, im Duett nach dem Liebestrank („Sehnender Minne schwellendes Blühen") und in Tristans Todesekstase („Jagendes Blut, jauchzender Mut!") zum Motiv des Liebesjubels:

So ist in dieser Musik eines aus dem anderen bedingt, und die unendlich reiche Vielgestaltigkeit erscheint in der Analyse als faszinierende Einheit.
Die hier geschilderte chromatisch bedingte Harmonik ist jedoch nur das eine Element in dieser Musik. Mit ihm charakterisiert Wagner die Gefühlswelt der Liebeskranken, der Nachtgeweihten. Das andere Element bildet die gesunde, erdhafte Diatonik

(im Gegensatz zur Chromatik eine auf dem Grundton einer Tonart solide ruhende Dreiklangswelt), der im Drama entsprechend die im Diesseitigen, im „Tage" verwurzelten Gestalten angehören: Kurwenal, Brangäne, die Seeleute.
So wie die chromatische Halbton-Tonleiter hinter den alterierten Akkorden des Knospenmotivs steht, bestimmt die diatonische Tonleiter die kraftvolle Harmonik beispielsweise des Seefahrer-Motivs im ersten Akt:

oder die an ein festfrohes Glockengeläute erinnernden Akkorde, mit denen Kurwenal und später auch der Chor die bevorstehende Ankunft in Cornwall verkünden:

oder das C-dur-helle Trompetengeschmetter bei der Landung des Schiffs. Ferner, im dritten Akt, das markige Thema der Heimat: „Wo du bist? Im Frieden, sicher und frei! Kareol, Herr: Kennst du die Burg der Väter nicht?"

Und besonders charakteristisch nochmals im ersten Akt in Kurwenals Spottlied: „Herr Morold zog zu Meere her, in Kornwall Zins zu haben... Hei! Unser Held Tristan, wie der Zins zahlen kann!" (s. Beisp. 27).

Außerhalb dieser grellen Gegensätze von Chromatik und Diatonik steht lediglich die einsame Gestalt König Markes, dessen Hauptmotiv

19

als eine Umkehrung des trotzigen Motivs gedeutet werden kann, das beim Eintritt Tristans in Isoldes Zelt ertönt und das die Worte seines Sühneeids „Tristans Ehre..." und „Tristans Elend..." trägt:

20

Wie fein Wagner im übrigen den sinngebenden Gegensatz zwischen Chromatik und Diatonik bis ins kleinste durchgestaltet hat, zeigt das Lied des jungen Seemanns. Seine Analyse liefert eine regelrechte musikpsychologische Deutung vom Wesen Irlands und Cornwalls im Drama: Zu den Worten „Westwärts schweift der Blick" (also zurück nach Irland, ins Land der Isolde) erklingt ein chromatisches Motiv, das zudem die melodischen Konturen unseres Knospenthemas aufweist:

21
West - wärts   schweift der Blick

„Ostwärts streicht das Schiff" (nämlich ins Land König Markes, in die Welt des Tages). Und hier wandelt sich die Melodie ins Diatonische:

22
Ost - wärts streicht das Schiff

Zum Text: „Frisch weht der Wind der Heimat zu" tritt nun das (diatonische) Seefahrer-Motiv (Beispiel 16). Dann folgt zu

„Sind's deiner Seufzer Wehen, die mir die Segel blähen?" erneut eine Wendung ins Chromatische:

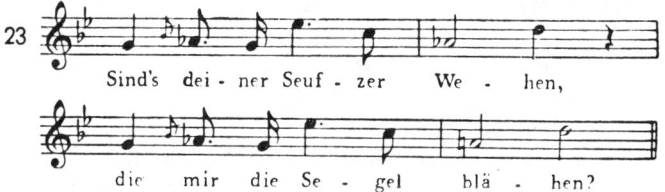

Das forsche „Wehe, wehe du Wind!" ist wieder eindeutig diatonisch, die schwermütige Schlußwendung „Weh, ach wehe, mein Kind!" jedoch erneut chromatisch.

Hier muß auch darauf hingewiesen werden, daß dieses a capella gesungene Seemannslied, das zu Beginn des ersten Aktes erklingt, seine formale Entsprechung in der traurigen Hirtenweise erhält, die, ebenfalls als A-Capella-Stück, den dritten Akt einleitet. Nicht nur formal, auch melodisch gibt es Ähnlichkeiten:

Das Vorspiel des zweiten Aktes beginnt mit einem dissonanten Aufschrei, der aber sofort in einem rauschenden Tremolo der Geigen verhallt:

Bei näherer Betrachtung zeigt sich, daß dieser Aufschrei nichts anderes ist, als die nach Moll versetzte Vergrößerung des Motivs, das Kurwenal am Ende seines Spottlieds zu den Worten „Hei, unser Held Tristan..." intoniert hat:

Dieser Aufschrei, der Isolde noch aus dem ersten Akt in den Ohren gellt, liefert nun in unendlichen Abwandlungen und Sequenzierungen das wesentliche Material für den größten Liebesdialog des Musiktheaters. Er beherrscht das riesige, sogenannte Tag-Nacht-Gespräch und tönt noch durch den weltentrückten Liebestraum bei der Textstelle: „Verloschen nun die letzte Leuchte..." Selbst die Melodie von Brangänes Wachtgesang ist nichts anderes als eine Kette von riesenhaft vergrößerten Tag-Motiven.

Die berauschenden Wirkungen des zweiten Aktes sind primär harmonisch bedingt. Das Horngeschmetter der Jäger beispielsweise ist in einen weichen Nonenakkord eingebettet und wird alsbald gänzlich von solchem Wohllaut absorbiert.

Ähnlich wirken die Vorhaltsakkorde in dem traumhaften Mittelstück der großen Liebesszene, beim Zwiegesang „Oh sink hernieder, Nacht der Liebe!"

Den Augenblick der tiefsten Entrückung und Ruhe kennzeichnet, nach dem Verklingen von Brangänes Gesang, eine hold in sich versponnene Melodie — das längste Thema im ganzen Werk:

Tiefe Einblicke in die Klanggeheimnisse des dritten Aktes vermittelt eine Betrachtung der Art, wie das motivische Material der beiden vorangegangenen Akte hier wiederkehrt und gesteigert in neue Beziehungen gesetzt und zu abschließenden Entwicklungen geführt wird. Formale Entsprechungen zwischen dem ersten und dem dritten Akt lassen sich nicht nur am Beispiel des Seemannsliedes und der Hirtenweise nachweisen. Auch die Dialoge (Brangäne-Isolde und Kurwenal-Tristan) sowie die monologischen Erzählungen der Isolde und die Fieberekstasen Tristans entsprechen sich im Aufbau (beide gipfeln in einem Fluch!) weitgehend. Doch mit welcher Steigerung der Mittel im dritten Akt!

Zunächst wird dort neues Material aufgestellt: Kurwenals Mitleids-Motiv (14), die traurige Hirtenweise (25), das Heimat-Thema (18) usw. Im ersten Abschnitt von Tristans Klage wird diese Motivik vor allem mit der aus dem ersten, aber auch aus dem zweiten Akt verarbeitet. Der zweite Abschnitt, beginnend mit „Muß ich dich so verstehn, du alte traute Weise..." aber zeigt eine neue, ausgesprochen polyphone Struktur: Die Hirtenweise wird hier zu einer Art Cantus firmus, zu dem nahezu das gesamte motivische Material des Werks, ja sogar die einzelnen Teile ihrer selbst in kontrapunktische Beziehung treten (bei Tristans Fluch stehen drei Motive übereinander!).

Im dritten Abschnitt, der sogenannten E-dur-Vision, taucht auf einmal jene holde Liebesmelodie aus dem zweiten Akt (Beispiel 29) wieder auf und wird zum Kernstück einer langen melodischen Entwicklung, die in dem verzückten Ausruf „Ach Isolde, wie schön bist du!" gipfelt (die Versetzung dieser

Liebesmelodie aus der Traumtonart As-dur des zweiten Aktes in die erotische Tonart E-dur, ist ein wichtiges Symptom für die sich anbahnende Wandlung von Traum in Wirklichkeit!).
Tatsächlich erfolgt nun ein rapider Stimmungsumschwung: die noch immer hier verwendete lyrische Melodik aus dem zweiten Akt erhält ein drängendes dramatisches Gepräge. Wenn sich Tristan wie ein Wahnsinniger vom Lager erhebt, um Isolde zu empfangen, intonieren die Bässe in einem von Takt zu Takt wechselnden Rhythmus (Sinnbild für den unter ihm schwankenden Boden!) eine Tonfolge, die nichts anderes ist als das verträumte „Barg im Busen sich uns die Sonne" aus dem Liebesduett des zweiten Aktes. Und im weiteren erscheint auch jene holde Liebesmelodie wieder (Beispiel 29): Nach C-dur versetzt, in die Tonart des hellen Tags (man denke an das C-dur-Trompetengeschmetter am Schluß des ersten Aktes!), profaniert geradezu, im ⁵/₄-Takt, wird es zum Tonmaterial von Tristans rasendem Todesjubel:

30

Ein durchaus neues, ganz eigenständiges Motiv bildet das Hauptmaterial von Isoldes großer Totenklage:

31

Hingegen ist die Melodik des Liebestodes bereits im zweiten Akt, im dritten Teil des großen Liebesduetts, aufgestellt worden: ein zwei Takte langes Motiv,

32

das in ständiger Sequenzierung immer heller aufleuchtet und schließlich von jenem ebenfalls schon im zweiten Akt (Vorspiel) aufgestellten Motiv der Erfüllung (Beispiel 9) abgelöst wird. In ständiger Sequenzsteigerung drängt es einem Höhepunkt entgegen, der mit den letzten Worten der Isolde — „in des Weltatems wehendem All..." eintritt. In einer von E-dur nach H-dur mehrmals zurückflutenden Wellenbewegung kommt die harmonische Bewegung zur Ruhe. Ein letztes Mal will das Knospenthema Gestalt annehmen, zerfließt jedoch im Wohllaut der H-dur-Schlußakkorde, die durch zwei den Ton hinüberbindende Oboen gleichsam wie mit dem Schimmer einer letzten Abendröte verbunden sind.

Die Meistersinger von Nürnberg

PERSONEN: H a n s S a c h s, Schuster: Bariton (gr. P.); V e i t P o g n e r, Goldschmied: Baß (m. P.); K u n z V o g e l g e s a n g, Kürschner: Tenor (kl. P.); K o n r a d N a c h t i g a l l, Spengler: Baß (kl. P.); S i x t u s B e c k m e s s e r: Baß (gr. P.); F r i t z K o t h n e r, Bäcker: Baß (m. P.); B a l t h a s a r Z o r n, Zinngießer: Tenor (kl. P.); U l r i c h E i ß l i n g e r, Würzkrämer: Tenor (kl. P.); A u g u s t i n M o s e r, Schneider: Tenor (kl. P.); H e r m a n n O r t e l, Seifensieder: Baß (kl. P.); H a n s S c h w a r z, Strumpfwirker: Baß (kl. P.); H a n s F o l t z, Kupferschmied: Baß (kl. P.); W a l t h e r v o n S t o l z i n g, ein junger Ritter aus Franken: Tenor (gr. P.); D a v i d, Sachsens Lehrbube: Tenor (gr. P.); E v a, Pogners Tochter: Sopran (gr. P.); M a g d a l e n e, Evas Amme: Mezzosopran (m. P.); e i n N a c h t w ä c h t e r: Baß (kl. P.). C h ö r e: Bürger und Frauen aller Zünfte, Gesellen, Lehrbuben, Mädchen, Volk.

ORCHESTERBESETZUNG: 16 erste Violinen, 16 zweite Violinen, 12 Bratschen, 12 Celli, 8 Kontrabässe, 2 große Flöten, 1 kleine Flöte, 2 Oboen, 2 Klarinetten, 2 Fagotte, 4 Hörner, 3 Trompeten, 3 Posaunen, 1 Baßtuba, 1 Paar Pauken, 1 Triangel, 1 Paar Becken, 1 große Trommel, 1 Glockenspiel, 1 Harfe, 1 Laute, Nachtwächterstierhorn. Bühnenmusik.

Komponiert 1862—67
Uraufführung am 21. Juni 1868 in München

Als das einzige heitere Werk, das auf realen, historischen Schauplätzen spielt und dessen dichterische Idee nicht im Mythischen wurzelt, stehen die „Meistersinger" doch keineswegs außerhalb und abseits des großen Bogens, der sich mit zwingender Kontinuität vom „Holländer" bis zum „Parsifal" spannt. Als Scherzo von Wagners durch und durch bekenntnishaftem Lebenswerk werden sie nach dem todesschwangeren „Tristan" vielmehr zum Drehpunkt, wo sich die Wendung von der lebensverneinenden zur bejahenden Welteinstellung vollzieht. Zudem verklammern die „Meistersinger" das Wagnersche Früh- und Spätwerk in einer einzigartigen Synthese von Oper und Musikdrama.

Im Tannhäuser-Kapitel dieses Buchs wurde bereits darauf hingewiesen, daß Wagner dieses Werk noch während seiner Dresdener Kapellmeisterzeit, bald nach der Vollendung der „Tannhäuser"-Partitur, entworfen und ursprünglich als parodistisches, heiteres Nach- und Satyrspiel zum Sängerkrieg auf der Wartburg geplant hat. Die durchaus satirischen Parallelen zwischen Tannhäuser und Walther von Stolzing, Elisabeth und Eva, dem Landgrafen und Pogner, den Wartburgsängern und den Meistersingern sind auch bei dem erst 20 Jahre später vollendeten Opus noch deutlich erkennbar.

Die erste Anregung, das Schlüsselerlebnis, liegt übrigens noch früher, nämlich im Sommer des Jahres 1835, als der 22jährige Wagner, anläßlich eines Verwandtenbesuchs in Nürnberg, Zeuge einer nächtlichen Straßenprügelei geworden ist, deren „wahrhaft dämonischer Charakter" sich ihm unauslöschlich eingeprägt und die Anregung für die Prügelszene des zweiten Aktes gegeben hat.

Die Gründe dafür, daß der Prosaentwurf 1845 unausgeführt liegen blieb, nennt Wagner später selber: „Mir ist es jetzt klar geworden, aus welchem Grunde jene heitere Stimmung, wie sie sich in der Konzeption der ‚Meistersinger' zu genügen suchte, von keiner wahrhaften Dauer bei mir sein konnte. Sie sprach sich damals nur erst noch in der Ironie aus und bezog sich als solche mehr auf das bloß Formell-Künstlerische meiner Richtung und meines Wesens, als auf den Kern desselben, wie er im Leben wurzelt..."

Mit anderen Worten: der Wagner der „Tannhäuser"-Zeit hatte noch keine aus der lebendigen Erfahrung gewonnene

unmittelbare Beziehung zu den Gestalten dieser Komödie, vor allem zu der des Hans Sachs. Es mußte erst das Tristan-Problem durchlebt, durchlitten und gestaltet werden, damit der weise resignierende Schuster-Poet singen konnte: „Mein Kind, von Tristan und Isolde kenn' ich ein traurig Stück. Hans Sachs war klug und wollte nichts von Herrn Markes Glück."
Erst vor dem düsteren Hintergrund der Tristan-Tragödie wandelte sich das ursprünglich ironische Satyrspiel zu der liebenswürdigen, gemütstiefen und lebensweisen Komödie, aus der die Erkenntnis spricht, „daß mit dem ganzen Leben nur ein Wahrhaftes zu gewinnen sei: Ruhe des Gemüts in der Entsagung."
Wagner selbst heilt sich in seinen „Meistersingern" von dem Tristan-Erlebnis mit seinen tödlichen Konsequenzen, indem er seinen Triebkräften, den verzehrenden Leidenschaften des Eros, einen neuen Namen gibt: sie sind der „Wahn" der Welt, von dem Hans Sachs im dritten Akt spricht, der Wahn, der, ungezügelt, die Selbstvernichtung herbeiführt, der aber ebenso, von einem weisen Geist gelenkt, zur schöpferischen Tat werden kann, die dem Leben dient und die ihm als Kunstwerk eine neue Zierde verleiht.
„Tag" und „Nacht" als die beiden Kontrastsphären der Tristan-Tragödie stehen nochmals symbolisch auch hinter der Meistersinger-Komödie: doch nicht mehr als unvereinbare Gegensätze, sondern als Spannungspole unseres Daseins, die nur der rechten Lenkung bedürfen, um sich gegenseitig zu befruchten. Dem Chaos der sinnlos wütenden nächtlichen Nürnberger Straßenschlacht folgt der schöpferische Tag: aus dem „wunderschönen Traum" Walther von Stolzings entsteht unter Sachsens klug und gütlich zuredender Anleitung das alle Herzen bezwingende Preislied. Der Wahn als gestaltlose Triebkraft des Schöpferischen sublimiert sich im formschönen Kunstwerk. Und damit ist auch in Wagners Schaffen eine neue Wende vollzogen: nicht mehr die Flucht in die Transendenz der ewigen Nacht, sondern die Bejahung des durch „die heilige deutsche Kunst" verklärten Diesseits wird zur neuen Konsequenz. Das Liebesopfer der Er-

löserinnen Senta, Elisabeth, Brünnhilde und Isolde gewinnt in der Entsagung des Hans Sachs ein schöpferisches, lebensvolles neues Ziel.

Dieser philosophischen Erfahrung, die in den „Meistersingern" der sechziger Jahre zum Ausdruck kommt, sind in diesem Werk mannigfache autobiographische Erfahrungen und Züge an die Seite gestellt. Im Walther von Stolzing beispielsweise steckt viel vom jungen Richard Wagner, der, wie sein Ritter, „mit einem Sprung" Meister werden wollte als er, ohne alle Kenntnisse der Harmonie- und Kompositionslehre, den Beschluß faßte, sein unverstandenes Pennäler-Drama „Leubald und Adelaide" zu vertonen. In der Sachs-Gestalt aber tritt dem jungen Stolzing-Wagner der gereifte Meister selber gegenüber, vielleicht auch ein wenig der Thomaskantor Theodor Weinlig, der den störrischen und ungelenk draufloskomponierenden Schüler Richard Wagner einst ins Joch eines ebenso nützlichen wie strengen kontrapunktischen Studiums gezwungen hatte. Und natürlich spricht aus Sachsens gemütvoller Schwärmerei für das „in Deutschlands Mitten" gelegene „liebe Nürnberg" die Sehnsucht des friedlos umhergetriebenen Schöpfers nach dem idyllischen Hafen, zu dem ihm später Bayreuth werden sollte. Denn die Komposition dieses Werks, das so viel humorvolles und beschauliches Behagen am Dasein ausströmt, wurde 1862 in einer Lebenssituation begonnen, die im Zeichen eines ruhelosen Umherreisens, der immer bedrohlicher werdenden Verschuldung und schließlich der äußersten Verzweiflung stand, angesichts deren Wagner die Berufung nach München, zu König Ludwig II., wirklich wie ein Wunder empfinden mußte (die Vollendung der Partitur erfolgte 1867 in Tribschen, die Uraufführung des Werks 1868 in München).

Natürlich trägt auch das komische Hauptmotiv der Dichtung — die Ablehnung und das Mißverstehen, dem das Genie seitens einer (hier spießbürgerlich gezeichneten) Fachwelt ausgesetzt ist — durchaus die Züge des Selbsterlebten. Mit der Gestalt des Beckmesser insbesondere parodierte Wagner das Wesen des im konventionellen Regelwissen festgefahrenen, mißgünstigen

Kritikasters, der unfähig ist, die Gesetzmäßigkeiten einer neuen Kunst zu erfassen. Wagner wollte mit dieser Gestalt sogar einen persönlichen Widersacher, den Wiener Kritiker Eduard Hanslick, lächerlich machen: sein Beckmesser sollte ursprünglich Hans Lick heißen!

Die Meisterschaft in der Kunst einer komisch-lebensvollen Typisierung durchdringt ausnahmslos alle Gestalten: nicht nur Beckmesser und die Meistergilde, sondern auch den mit Selbstironie begabten Hans Sachs, die bei allem züchtigen Gebaren doch sehr zielstrebig verliebte Eva, den protzigen Kunstmäzen Pogner, den zu Gefühlsüberschwang und Wortschwall neigenden Walther von Stolzing (eine Eigenschaft, die infolge des Umstands, daß dieser durchaus als Jüngling empfundene Ritter von schweren Heldentenören verkörpert werden muß, leicht übersehen werden kann!) und natürlich David und Magdalene, der ewig hungrige Lehrbube und das ihn verhätschelnde ältliche Mädchen.

Darüber hinaus aber steuert der historische Stoff selber viel Komik bei. Denn im Gegensatz zu dem musikgeschichtlich bedeutsamen Minnesängerwesen blieb die Kunst der bürgerlichen Meistersinger völlig steril. Sie erstarrte im selbstgeschaffenen Regelkram der „Tabulatur", deren Überlieferung ein Sammelsurium von Kuriositäten darstellt. Wagner gewann Einblick in die Welt der Meistersinger durch Wagenseils „Nürnberger Chronik" aus dem Jahre 1697. Die darin befindliche Abhandlung „Von der Meister-Singer holdseliger Kunst" lieferte ihm die authentischen Begriffe dieser verschrobenen Kunstregeln an die Hand, welche er in seine Dichtung eingebaut hat. Sie finden sich vor allem, verquickt mit Zutaten der eigenen, humorvoll fabulierenden Erfindung, in Davids Aufzählung der Meisterweisen, in der von lehrjungenhaften Mißverständnissen strotzenden Lektion, die er dem jungen Ritter gibt, in der feierlichen Verlesung der Tabulatur durch Kothner, in der Zeremonie der Zunftsitzung, der historisch getreuen Wiedergabe des Merkerwesens, in der geistvollen Verwendung der immer wieder erläuterten alten Barform, sowie in Beckmessers Aufzählung der Fehler, die Stolzing bei seinem Probe-Lied vor der Meisterzunft unterlaufen sind.

Einer Deutung bedarf die Handlung der „Meistersinger" nicht. Auch die Komposition ist mit einer weitaus geringeren Gedanken- und Symbolfracht beladen als alle anderen Werke Richard Wagners. Denn hier dominieren — soweit dies bei einem Operndrama möglich ist — absolutmusikalische Bau- und Formgesetze. Eine detaillierte Analyse der „Meistersinger"-Partitur würde jedoch ein eigenes, umfangreiches Buch erfordern. Die folgenden musikalischen Erläuterungen sollen und können daher nur eine großzügige Überschau über die Kompositionsweise und einen Begriff von der hier in überreicher Fülle und in unendlichen Verästelungen ausgebreiteten Variations- und Formkunst Wagners geben.

Wie beim Tristan-Vorspiel steht am Anfang der Meistersinger-Ouvertüre (Wagner kehrt hier tatsächlich wieder zur Sonatenform der Opern-Ouvertüre zurück!) ein Knospenthema, das bestimmend ist für die gesamte musikalische Struktur des Werks und aus dem auch ein Großteil der Motivik entwickelt wird. Es ist das festlich-marschartige Meistersinger-Thema:

War beim „Tristan" jedoch die Chromatik stilprägend, so ist es bei den „Meistersingern" die Diatonik und in Zusammenhang mit ihrer markig klaren Diesseitigkeit eine an barocken Vorbildern orientierte, das ganze Werk durchziehende Kontrapunktik. Dieser kontrapunktische Stil bedingt, daß sich die thematische und motivische Vielheit dieser Musik nicht nur aus der Evolution, der Verwandlung und Variation der Hauptmotive entwickelt (wie beispielsweise im „Ring"), sondern auch aus der Aufstellung von kontrapunktischen Gegenthemen. Beide Techniken sind bereits im Aufbau der Ouvertüre ineinander verwoben.

Zunächst einmal spaltet sich nach dem zweimaligen Erklingen des Meistersinger-Themas ein aus den Achtelgängen seiner Fortspinnung

2

entwickeltes lyrisches Motiv als Nebengedanke ab:

3

Seiner Durchführung folgt, als zweiter Nebengedanke, ein akkordisches Thema, gewissermaßen die Evolution des wuchtigen C-dur-Quartfalls, mit dem das Hauptthema eingesetzt hat:

4

Es wird später, im dritten Akt, in der Festwiesen-Einzugsmusik, bedeutsam. Und daraus löst sich, als weitere Evolution eines Motivs aus dem Hauptthema, ein zu großer selbständiger Entwicklung ausgesponnener weiterer Seitengedanke:

5

Das zweite Thema der sonatensatzförmigen Ouvertüre (in der Mediant-Tonart E-dur) ist die Melodie des Preisliedes:

6

Sie ist ein kontrapunktisches Gegenthema zum Meistersinger-Thema (Beispiel 1), wie alsbald die Reprise der Ouvertüre ausweist. Denn in dieser Reprise werden nicht, wie sonst im Sonatensatz üblich, Hauptthema und zweites Thema nacheinander nochmals in der Haupttonart (C-dur) wiederholt, sondern sie stehen übereinander, erklingen also gleichzeitig:

Was Wagner damit ausdrücken will, ist klar: die alte Kunst (Meistersinger-Thema) und die neue (Preislied) haben sich miteinander ausgesöhnt und vereinigt, ganz im Sinne der mahnend an Stolzing gerichteten Schlußansprache des Hans Sachs („Verachtet mir die Meister nicht"), die ebenfalls in der Zusammenführung dieser beiden Themen gipfelt.

Den Durchführungsteil der Ouvertüre hingegen bestreitet das rhythmisch auf Achtel und Sechzehntel verkleinerte und dadurch karikierte Hauptthema — Sinnbild der kleinlichen, meckernden und mickernden Beckmesserei:

Ein lustiges Motiv, das sich als Kontrapunkt dazugesellt,

wird später auf der Festwiese zur Spottfigur des Chores, der sich über Beckmessers Gesang amüsiert („Scheint mir nicht der Rechte").

Der Quartfall des Hauptthemas kehrt in dem Tauf-Choral wieder, der die erste Szene einleitet:

Als sein Gegenstück könnte man in gewissem Sinn den mit einem mächtigen, nach oben gerichteten Quartanschwung einsetzenden „Wach-Auf"-Chor des dritten Aktes (mit allerdings freier melodischer Fortspinnung) ansehen:

Seinen besonderen Reiz gewinnt der nach dem Vorbild der evangelischen Kirchenchoräle gebaute Tauf-Choral des ersten Aktes dadurch, daß die Zwischenspiele zwischen den einzelnen Verszeilen nicht von der begleitenden Orgel gespielt werden, sondern vom Orchester und daß der Inhalt dieser Zwischenspiele nicht sakraler, sondern durchaus profaner Natur ist: das Orchester intoniert antizipierend Liebesmotive und illustriert so den verliebten Blickwechsel zwischen Eva und Stolzing.
Eindrucksvolle Beispiele für Wagners phänomenale Gestaltungskraft liefert eine Betrachtung der verschiedenen Varianten, die das lyrische Motiv (Beispiel 3) im Verlauf des Geschehens hervorbringt. Überall, wo gedichtet, gesonnen, empfunden oder geträumt wird, taucht es in neuer Gestalt auf. Es leitet Davids Aufzählung der Meisterweisen (die ihrerseits ein Meisterstück der jede Weise trefflich typisierenden, kleinen Form darstellen) ebenso ein, wie die Erzählung „Am stillen Herd zur Winterszeit", mit der sich Stolzing der Meisterzunft vorstellt:

Es erscheint im Preislied,

ebenso wie im Beckmesser-Ständchen:

Den Hörnern anvertraut, schildert es zu Beginn des Flieder-Monologs im zweiten Akt gleichsam den schweren Blütenduft der Nürnberger Sommernacht:

15

Wenig später kehrt es (Gespräch Eva-Sachs) als das Motiv von Evas Jugend und Schönheit wieder („Doch starb eure Frau, so wuchs ich groß?" — „Gar groß und schön!").

16

Eine weitere Variante findet sich in der Fortspinnung des Prügel-Motivs, das zusammen mit dem Thema von Beckmessers Ständchen das große in Form einer quasi Passacaglia gebaute Prügel-Finale des zweiten Aktes bestreitet:

17

Und es kehrt wieder in dem rhythmischen Motiv, mit dem Pogner im zweiten Akt („Nicht doch 's ist mild und labend...") und Sachs im dritten Akt („Wie friedsam treuer Sitten, getrost in Tat und Werk...") sich ihres geliebten Nürnbergs freuen:

18

Die Melodie zu Sachsens „Mein Freund, in holder Jugendzeit" in der großen Szene mit Stolzing (3. Akt) ist gleichfalls aus diesem Motiv entwickelt:

19

Mein Freund, in hol-der Ju-gend-zeit

Ein anderes schönes Beispiel für Wagners Verwandlungskunst liefert Stolzings Liebes-Motiv. Es erscheint zum erstenmal in der Ouvertüre, im E-dur-Teil des zweiten Themas, als motorisch-rhythmische Figur

20

und kehrt als solche (Ausdruck schwärmerisch verliebter Unruhe!) auch in Stolzings Probelied vor der Meisterzunft wieder, wo es die Worte „Es schwillt und schallt, es tönt der Wald" trägt. In melodischer Veränderung gibt das gleiche rhythmische Motiv wenig später Beckmessers kritischem Mißfallen an diesem Lied Ausdruck:

21

Im Flieder-Monolog des zweiten Aktes erklingt dieses Liebes-Motiv riesig vergrößert und zu stärkstem Ausdruck gesteigert („Lenzesgebot, die süße Not, die legt' es ihm in die Brust...":

22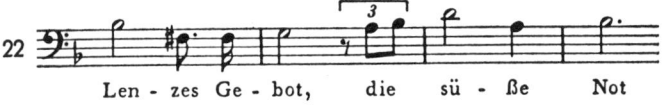
    Len - zes Ge - bot,   die   sü - ße   Not

Beim folgenden Auftritt Evas („Gut'n Abend, Meister! Noch so fleißig?") aber erscheinen die ersten drei Töne dieses Liebes-Motivs in Umkehrung ihrer melodischen Folge als Motiv von Evas mädchenhafter Unschuld:

23

Man betrachte ferner, wie die aus der Figuration des Meistersinger-Themas abgeleitete, völlig ausdruckslose Bewegungsgestalt

24

als Melodie der Johannisnacht in zauberischer Verwandlung wiederkehrt:

25

Ebenso, welche Verinnerlichung Sachsens derbes Schusterlied aus dem zweiten Akt erfährt, wenn sein Refrain in dem feierlich-versonnenen Vorspiel zum dritten Akt nochmals anklingt! Das Wahn-Motiv, mit dem dieses Vorspiel beginnt und das später dem berühmten „Wahn, Wahn, überall Wahn!" als Melodie dient, ist übrigens als Kontrapunkt zu jenem Schusterlied, und zwar bei dessen dritter Strophe („O Eva! hör' mein' Klageruf, mein' Not und schwer Verdrüssen!") zum erstenmal erklungen:

26

Als Variante dieses Wahn-Motivs erscheint dann im dritten Akt, in der Szene Stolzing-Sachs das die gesamte Szene des Kunstgesprächs begleitende Motiv der Freundschaft:

27

In Zusammenhang mit dieser Variationskunst muß auch auf die bereits in den ersten beiden „Siegfried"-Akten entwickelte Technik des musikalischen Karikierens hingewiesen werden, die in den „Meistersingern" vor allem das Verhältnis der Stolzing-Motive zu den Beckmesser-Motiven bestimmt. Das kecke

Motiv, mit dem der junge Ritter zum ersten Male vor die Meisterzunft tritt,

wird zur Karikatur, wenn sich bald darauf Beckmesser mit ihm dem Ritter als Merker vorstellt („Ein saures Amt, und heut zumal!"):

Die karikierende Verwandlung des Liebes-Motivs in das des eifernden Merkers (Beispiel 20 und 21) wurde bereits erwähnt, ebenso die, die das Meistersinger-Thema in der Durchführung der Ouvertüre erfährt (Beispiel 1 und 8). Darüberhinaus wird sogar die Melodie des Beckmesser-Ständchens

Den Tag seh' ich er - scheinen, der mir wohl ge-falln tut

(die ihre Komik durch die falschen Silbenbetonungen empfängt: „Den Tag seh' ich erscheinen, der mir wohl g e fall'n tut") karikierend verändert, wenn sie auf der Festwiese von Beckmesser als Werbelied in Moll gesungen wird.

Zu diesen karikierenden Metamorphosen eigener Themen und Motive gesellen sich parodistisch gemeinte Zitate historischer Formeln und Stilelemente. Besonders auffallend ist die häufige Verwendung der alten Kadenz mit dem Triller auf dem Leitton. Eine spezielle (klassische) Form dieser Kadenz wird sogar leitmotivisch eingesetzt, um Beckmessers konservative Kunstauffassung zu parodieren. Diese Kadenz erscheint zum ersten Male, als Beckmesser, der Merker, Walther von Stolzings Probelied kritisch zerpflückt und zu dem Schluß kommt: „Von Melodei nicht eine Spur!"

Hans Sachs greift diese Kadenz später ironisch auf, wenn er sich scheinbar auf die Seite der Meister stellt und Eva spottend von dem Ritter abrät: „Den Junker Hochmut, laß ihn laufen, mag er durch die Welt sich raufen ... (nun folgt die Kadenz:) Sein Glück ihm anderswo erblüh'!" — Oder wenn er im dritten Akt nach der Erinnerung an Tristan und Isolde und Herrn Markes Glück forsch und zugleich resignierend erklärt: „'s **war** Zeit, daß ich den Rechten fand, wär' sonst (Kadenz:) am End' doch hineingerannt."

Barocke Stilzitate finden sich ferner bei der Verlesung der Tabulatur durch Kothner („Ein jedes Meistergesanges Bar stell' ordentlich ein Gemäße dar..."), die wie ein Rezitativ beginnt und am Ende jeder Strophe mit einer ausgesprochen komisch wirkenden Koloratur endet, ebenso in ganz besonderem Maße bei den endlosen Koloraturen des Beckmesser-Ständchens.

Ein der Theorie entlehnter Musikantenscherz hingegen sind die Akkorde von Davids Schüler-Motiv mit ihren (in der Harmonielehre verbotenen!) parallelen Quinten:

Ein weiteres Typisierungsmittel für Davids Einfalt ist die psychologisch absichtsvolle Tonwiederholung. Sie findet allerdings nicht nur im David-Motiv Anwendung,

sondern ebenso bei der Charakterisierung von Kothners und Beckmessers Beschränktheit (vergl. Beispiel 29).
In der Harmonik der „Meistersinger" spielt, wie schon im „Ring" (Walkürenruf, Beispiel 45, Mimes Angstvisionen, s. S.103) und im „Parsifal" (Beispiel 7) der Übermäßige Dreiklang eine wichtige Rolle. Es ist der Akkord des Chaotischen, in dem sich der Umschlag vom beherrschten Oberbewußten ins unbeherrschte Untere, in Unruhe, Angst und Bangen vollzieht. Noch völlig ungewichtig erscheint er schon in der ersten Szene des ersten Aktes, wenn Eva auf Stolzings Frage „Die Braut dann wählt?" rasch und sich vergessend „Euch oder keinen!" antwortet (Magdalena: „Was, Evchen! Evchen! Bist du von Sinnen?")

34

Gewichtiger ertönt er später in der Zunftszene, wenn Sachs mit den Worten: „Halt, Meister! Nicht so geeilt! Nicht jeder eure Meinung teilt!" dem eifernden Merker Einhalt gebietet:

35

Ähnlich, noch gesteigert und deutlich ins Eva-Motiv verwoben, wenn Eva im zweiten Akt Sachs besorgt fragt: „Wohl in der Singschul, 's war heut' Gebot?" — Und, vielleicht noch bedeutsamer, bei Sachsens derbem Gepolter im Flieder-Monolog („.. tät' besser, das Leder zu strecken und ließ alle Poeterei!") und im Schusterlied („Jerum! Jerum!"), wo er die eigene Unruhe und Verletzbarkeit hinter seiner lärmenden Grobheit zu verstecken trachtet:

36

In gewissem Sinn wird dieser Akkord der Herzensqual so zum Drehpunkt, wo sich die Wende von der erdhaften Diatonik hinüber ins Chroma der Tristan-Welt vollzieht, die im dritten Akt, in der Schusterstuben-Szene (Sachs-Eva-Stolzing) Zug um Zug heraufgeistert, die sich mit dem Motiv von Evas „Was, ohne deine Liebe, was wär' ich ohne dich?" auch melodisch vorbereitet

37

und schließlich im Zitat des Sehnsuchts-Motivs aus dem „Tristan" (mit nachfolgendem Marke-Motiv) zu Sachsens Worten „Mein Kind, von Tristan und Isolde kenn' ich ein traurig Stück...") gipfelt:

38

Eine letzte Betrachtung sei dem Formalen gewidmet. Denn gerade in den „Meistersingern" offenbart sich, in welch genialer Weise der einst als „formlos" verschriene Wagner die Kunst der musikalischen Formgebung beherrscht hat. Was bei seinen anderen Werken nur mehr oder weniger unbewußt erlebt wird, nämlich die Aneinanderreihung kleiner Formen zur musikdramatischen Großform, ist in diesem Werk zum Thema selbst erhoben: nicht weniger als dreimal erhält Walther von Stolzing eine Lektion über musikalische Formgebung — genauer: über die mittelalterliche Barform. Das erstemal von David, der sie selbst noch nicht begriffen hat und als Nürnberger „Paar" (Schuhe) und „Bar" nebst allen dazugehörigen Begriffen durcheinanderbringt. Das zweitemal in der Zunftszene durch Kothner, bei der Verlesung der Tabulatur (wobei die von Wagner lediglich in Reime gebrachten originalen Regeln der historischen Nürnberger Meistersinger zitiert werden):

„... Ein Gesätz besteht aus zweenen Stollen, die gleiche Melodie

haben sollen... Darauf erfolgt der Abgesang, der sei auch etlich' Verse lang und hab' sein' besonder Melodei, als nicht im Stollen zu finden sei." — Die dritte Lektion aber erhält Stolzing durch Sachs in der Schusterstube, wo der Meister dem verliebten Ritter die trockenen Begriffe dadurch verdeutlicht und schmackhaft macht, daß er die beiden Stollen mit Mann und Weib vergleicht, den Abgesang aber mit dem Kind ihrer Liebe: „Ob euch gelang, ein rechtes Paar zu finden, das zeigt sich an den Kinden; dem Stollen ähnlich, doch nicht gleich, an eig'nen Reim' und Tönen reich..."
Die Barform Stollen-Stollen-Abgesang ist also, auf eine knappe Formel gebracht, die Aufeinanderfolge A-A-B.
Daß Stolzing diese Form unbewußt bereits beherrscht, zeigt sich in dem dreistrophigen Gesang, mit dem er sich den Meistern vorstellt: die ersten beiden Strophen sind melodisch völlig gleich; auch inhaltlich entsprechen und ergänzen sie einander. In der ersten („Am stillen Herd zur Winterszeit...") berichtet Stolzing von seiner Lektüre des Buches von Walther von der Vogelweide. In der zweiten („Als dann die Flur vom Frost befreit...") erzählt er, wie ihm im sommerlichen Wald („... dort auf der Vogelweide") das Gelesene zum lebendigen Erlebnis wurde. In der dritten aber, die melodisch den beiden andern „ähnlich, doch nicht gleich" ist, gibt er seiner Lektüre und seinem Erleben Deutung und Sinn: „Was Winternacht, was Waldespracht, was Buch und Hain mich wiesen...", das soll nun zum Meisterlied werden, mit dem er sich Eva erringen will.
Nichts könnte das Wesen der Barform besser verdeutlichen, als dieses dreistrophige Lied: zwei Stollen, die ein gleiches aus zwei verschiedenen Gesichtspunkten schildern, und ein Abgesang, der zur deutenden Synthese wird.
Übrigens ist auch Walthers zweites Lied vor den Meistern, sein „Fanget an!" barförmig gebaut, nur in viel größeren Dimensionen, die der Merker nicht zu überschauen vermag: nämlich so, daß jeder der beiden, mit „Fanget an!" beginnenden Stollen einen Gegensatz-Stollen hinzugefügt bekommt (beginnend mit „In einer Dornenhecken, von Neid und Gram verzehrt..."

und, beim zweiten Male, nach der langen Unterbrechung mit „Aus finstrer Dornenhecken die Eule rauscht hervor..."). Der Abgesang „Auf da steigt, mit goldnem Flügelpaar..." bildet den cantus firmus des allgemeinen Tumults, mit dem der Akt endet.

Barförmig ist ferner das Beckmesser-Ständchen gebaut und das unter Sachsens Anleitung in der Schusterstube entstehende Preislied, das später, wenn es auf der Festwiese gesungen wird, noch formal und modulatorisch erweitert wird.

Nun ist der Dichterkomponist der „Meistersinger" jedoch nicht bei der Verwendung des Bars als Kleinform stehengeblieben. Alfred Lorenz hat in dem Meistersinger-Band seiner fundamentalen Formanalyse („Das Geheimnis der Form bei Richard Wagner, III") vielmehr überzeugend nachgewiesen, daß der Bar den formalen Aufbau des gesamten dreiaktigen Werks bestimmt hat. Und zwar so, daß der zweite Akt auch handlungsmäßig als eine Art „Gegenstollen" zum ersten zu verstehen ist. Dies leuchtet sofort ein, wenn man sich bewußt wird, wie sich im zweiten Akt vieles aus dem ersten parodistisch wiederholt, vor allem in den beiden Merker-Szenen: dort Beckmesser mit der Kreide, hier Sachs mit dem Hammer, wobei sogar immer auch die gleichen Worte fallen: „Fanget an!", „Seid ihr nun fertig? — Wie fraget ihr? — Mit der Tafel (mit den Schuhen) ward ich fertig schier!" Sowohl Stolzings wie auch Beckmessers Abgesang wird zum Cantus firmus des da wie dort tumultuösen Finales, und beide Akte enden damit, daß alles davonläuft und auf der leeren Bühne nur noch eine Person kopfschüttelnd zurückbleibt: dort Sachs, hier der Nachtwächter.

Wie dann der dritte Akt zu einer wahrhaft grandiosen Synthese wird, soll wenigstens durch ein Beispiel näher demonstriert werden. Zu Beginn des ersten Aktes ist der scheinbar ganz für sich bestehende und nach keinerlei Durchführung verlangende Tauf-Choral („Da zu dir der Heiland kam...") erklungen (Beispiel 10). Im dritten Akt taucht nun plötzlich seine Melodie wieder auf, und zwar jeweils als Nachsatz zum Vordersatz des Liedchens, das David seinem Meister am Sonntagmorgen vorsingen muß: „Am Jordan Sankt Johannes stand, all Volk der Welt zu taufen..."

Nun aber holt der Dichter Wagner mit diesem Liedchen zu einer faszinierenden Ideenverbindung aus: Das Weib aus Nürnberg, das sein Söhnlein am Jordan taufen ließ, kehrt zurück an die Pegnitz und dort heißt der Johannes eben Hans! — David bemerkt dies beim Singen sofort und ruft aus: „Hans? Herr Meister! 's ist Euer Namenstag! Nein, wie man so was vergessen mag!"
Damit ist eine erste Brücke zwischen Johannes dem Täufer und Hans Sachs geschlagen. Ihren Sinn bekommt sie jedoch erst drei Szenen später, als Stolzings Preislied geboren ist und Sachs nun Eva, David, Magdalena und „der jungen Weise lebenden Vater" um sich versammelt, um dem Lied einen Namen zu geben. Sein Prolog zu dieser Taufe beginnt mit dem gleichen (barocken) Rezitativ, mit dem Kothner im ersten Akt die Verlesung der Tabulatur begonnen hat. Doch an die Stelle jener parodistischen Koloraturen, in die das Rezitativ bei Kothner einmündet, tritt hier der Tauf-Choral und gibt der Szene eine sinnvoll deutende, bewegende Feierlichkeit. Welche Synthese! Dort Johannes der Täufer als Vorläufer eines neuen Messias, hier Hans Sachs als Täufer einer neuen Weise und als Wegbereiter eines jungen Genies!
Was aber könnte diesem Augenblick, in dem sich alle Konfliktspannungen zwischen alter und neuer Kunst auflösen, in dem ein Liebestraum zur Wirklichkeit wird und zugleich die poetische Konstellation des ganzen Werks ihre stärkste Verinnerlichung erfährt, **mehr gerecht werden als das folgende, herrliche**

Quintett, dieses opernhafte Verweilen in einer schönen Empfindung? Durchwandert man kontemplierend die Melodik dieses Stücks, dann wird man entdecken, daß die Synthese hier noch viel weiter, nämlich über das Preislied und die Meistersinger-Oper hinausgreift, daß in der Seligkeit der Eva erinnernd die Seligkeit der verklärten Isolde mitschwingt

... höch - sten Hul - den, himm - lisch Mor - gen

(vergl. Tristan, Beispiel 9) und daß in ihrer Entzückung noch einmal auch die Liebesentzückung des Wälsungenpaares (vergl. Walküre, Beispiel 36) aufklingt:

Die Frage, ob es sich hier um bewußte oder unbewußte Zitate handelt, ist müßig: Mit den „Meistersingern" — dies dürfte aus allem hier Demonstrierten hervorgehen — hat die ewige Melodie einen Grad der Verwandlungsfähigkeit erreicht, der das Genie befähigt, alles mit allem zu verbinden. Richard Strauss war es vorbehalten, diese späte und höchste Kunst der Variation in seinem Werk zu ihrem epochalen Abschluß zu bringen.

Parsifal

PERSONEN: *Amfortas: Bariton (m. P.); Titurel: Baß (kl. P.); Gurnemanz: Baß (gr. P.); Parsifal: Tenor (gr. P.); Klingsor: Baß (m. P.); Kundry: Sopran (gr. P.); zwei Gralsritter: Tenor und Baß (kl. Pn.); vier Knappen: Sopran und Tenor (kl. Pn.); sechs Blumenmädchen (Soli): Sopran und Alt (kl. Pn). Chöre: Klingsors Zaubermädchen, die Brüderschaft der Gralsritter, Jünglinge und Knaben.*

ORCHESTERBESETZUNG: *16 erste Violinen, 16 zweite Violinen, 12 Bratschen, 12 Celli, 8 Kontrabässe, 3 Flöten, 3 Oboen, 1 Englisch Horn, 3 Klarinetten, 1 Baßklarinette, 3 Fagotte, 1 Kontrafagott, 4 Hörner, 3 Trompeten, 3 Posaunen, 1 Baßtuba, 2 Harfen, 2 Paar Pauken. Bühnenmusik mit Gralsglocken.*

Komponiert 1877—82
Uraufführung am 26. Juli 1882 in Bayreuth

Die Überwindung der tragischen Egozentrik, die im „Tristan" die individuelle Selbstvernichtung herbeiführt, im „Ring" aber, als Wille zur Macht, eine Welt zerstört, kündigt sich als eine entscheidende Wende bereits in den „Meistersingern", in dem einsichtsvoll weisen Verzicht des Hans Sachs, an. Im „Parsifal" wird sie vollends zum Thema einer gleichnishaften Handlung erhoben: der durch mitleidendes Erleben zur Welterkenntnis gelangende Tor tritt hier als Held an die Stelle der Erlöserinnen und schließt die Wunde des tragischen Lebenskonfliktes durch seine dem Leben dienende sittliche Tat. Damit setzt „Parsifal" den versöhnlichen Schlußstein einer künstlerischen Lebensphilosophie, die sich wie kaum eine zweite so vollkommen im schöpferischen Fortschreiten von Werk zu Werk sublimiert hat.

Daß dieses Lebenswerk Wagners eine in sich geschlossene Ganzheit bildet, braucht wohl kaum mehr betont zu werden. Schon 1849 hatte Wagner den Entwurf zu einem Drama „Jesus von Nazareth" zu Papier gebracht und, aus naheliegenden Gründen, wieder verworfen. An der Idee des sittlichen Helden hielt er jedoch fest, auch bei einem anderen, 1856 konzipierten, Dramenentwurf aus dem buddhistischen Sagenkreis, der den Titel „Die Sieger" bekommen sollte. Noch während der Arbeit am „Tristan" aber gewann ganz zweifellos als Gegensatz zu dem an seiner verzehrenden Leidenschaft dahinsterbenden Helden, die Gestalt des Parsifal immer deutlicheres Profil. Im Tristan-Kapitel wurde schon darauf hingewiesen, daß Wagner flüchtig daran dachte, den Gralsucher ans Schmerzenslager Tristans zu führen; auch daß der Dichter im siechen Gralskönig Amfortas den Tristan des dritten Aktes „mit einer undenklichen Steigerung" wiederzuerkennen glaubte. Und Jahre zuvor hatte Wagner noch eine andere ideelle Brücke geschlagen, als er nämlich in seinem Aufsatz „Die Nibelungen" (1849) den Gral als „eine Vergeistigung des Nibelungenhorts" bezeichnete.

Das Wissen um diese Zusammenhänge ist sehr wichtig zum Verständnis dieses Werkes und besonders auch zur Klärung der Mißverständnisse, denen der „Parsifal" mindestens zwei Generationen lang ausgesetzt war. Friedrich Nietzsche hat mit seinen zornig-abfälligen Urteilen über das „Zu-Kreuze-Kriechen" des „Parsifal"-Schöpfers viel zu diesen Vorurteilen beigetragen. Aber auch Wagner selbst, indem er dieses, in seinen letzten Lebensjahren, also in der Bayreuther Epoche, entstandene Werk, das er ausschließlich der Bayreuther Bühne vorbehalten wissen wollte, ein „Bühnenweihefestspiel" nannte und damit den Grundstein zu jenem „Weihe-Kult" legte, dem das orthodoxe Wagnerianertum mit wollüstigem Eifer fröhnte. Hinzu kommt, daß das Bayreuther Publikum den in Wagners Todesjahr 1883 geübten Verzicht auf den Schlußapplaus im „Parsifal" (im Uraufführungsjahr 1882 hat Wagner selbst von seiner Loge aus applaudiert!) zur Tradition erhoben hat, die noch heute gewahrt wird. Bedenkt man schließlich, daß sich dieses Werk, als es nach dem Ablaufen der Schutzfrist, also 30 Jahre nach Wagners Tod, auch den anderen Bühnen zugänglich wurde, niemals so recht ins Opernrepertoire einpassen ließ (allenfalls als Karfreitagsstück), so erscheint es nicht weiter verwunderlich, daß man in ihm lange Zeit eine auf die Bühne verpflanzte Kirchenhandlung und vielfach auch eine Art Religionsersatz sah und suchte.

Man wird diesem Drama jedoch keinesfalls gerecht, wenn man, verführt durch die beiden Tempelszenen und die Fußwaschung auf der Karfreitagsaue, in ihm primär die christliche Kulthandlung sieht. Gewiß hat sich Wagner hier einer Menge christlicher Symbole bedient, aber ebenso auch heidnischer und buddhistischer (Kundry, ewige Wiederkunft, Seelenwanderung). Denn der Dichter dieses Spätwerks denkt nur noch in Symbolen und archetypischen Bildern, die er, als Meister der Bildersprache, in unendliche Beziehungen zueinander setzt.

Die grundlegenden Symbole der „Parsifal"-Handlung sind Gral und Speer: die Schale, in der das Blut des Heilands aufgefangen wurde und die Waffe, die der Landsknecht dem Gekreuzigten in die Lende stieß. Darüber hinaus aber sind beide Reliquien auch heidnische Geschlechtssymbole und als solche im „Parsifal" die Sinnbilder einer idealen Einheit von Liebe und männlicher Tatkraft. Aus den Händen einer Engelsschar empfing sie Titurel, der erste Gralskönig. Als Insignien seiner kraftvollen und glückhaften Herrschaft versinnbildlichten sie den idealen Sinn dieses kämpferischen Ritterordens.

Der innere Friede seiner Reinheit jedoch ist gestört worden, als ein „Böser" zur Gralsritterschaft stieß, der „büßen, ja heilig werden" wollte und, „ohnmächtig, in sich selbst die Sünde zu ertöten", sich selbst entmannte. Verstoßen vom Gralskönig, kehrte er in sein jenseitiges Tal zurück und verwandelte dort die Wüste in einen Wonnegarten der Lust und der Sünde. Mit anderen Worten: dem Gralsreich des absolut Guten und der weißen Magie stellte der zürnende Klingsor ein Reich des absolut Bösen und der schwarzen Magie entgegen, das fortan für die Gralsritter Verlockung und Gefahr bedeutet (das Motiv von Alberichs Liebesfluch wiederholt sich so in der Selbstentmannung Klingsors, die diesem Macht über alles gibt, was der Sinnenwelt untertan ist).

Mit dieser Teilung der Welt in Gut und Böse fand die Epoche der ersten, im Zeichen einer reinen Unverwundbarkeit stehenden Gralsdynastie ihren Abschluß. Titurel, ihr greiser König, so erfahren wir von Gurnemanz, übergab die Herrschaft an den Sohn Amfortas, der sofort auszog, um die Bedrohung zu beseitigen und Klingsor, den Feind, zu überwinden. Aber in Klingsors Zaubergarten erlag er selbst der Verführung: in den Armen eines „furchtbar schönen Weibs" (Kundry!) vergaß er seine Aufgabe und den heiligen Speer, den ihm Klingsor hohnlachend in die Seite stieß.

Mit dem Verlust des Speeres an den schwarzen Magier aber ist das Gralsreich macht- und kraftlos geworden. Zum Symbol für die zerstörte Einheit wird die Wunde des Amfortas, des gefallenen Heiligen, des unwürdigen Gralskönigs. Dies ist seine Lebensqual: berufen, dem Leben in seiner höchsten sittlichen Reinheit zu dienen und den lebensspendenden Gral zu enthüllen, ist er, wie einst Klingsor, unfähig, „in sich selbst die Sünde zu ertöten" und wünscht sich einzig den erlösenden Tod.

Das Pendant seiner qualvollen Zerrissenheit liefert das Schicksal der Kundry, der faszinierendsten Frauengestalt Wagners. Sie ist einst dem Heiland begegnet, als er sein Kreuz nach Golgatha schleppte und hat ihn verlacht. Da traf sie sein Blick — und diese Blickbegegnung mit dem Überwinder des Lebens wurde für sie zum Schicksal, zum Fluch, zur Unruhe, Qual und endlosen Sehnsucht. Der Blick des Heilands entriß Kundry die grausame Unschuld der Sünde; er machte sie wissend. Unfähig jedoch auch sie, „die Sünde in sich zu ertöten", sucht sie nun „von Welt zu Welt", ihrem Erlöser wieder zu begegnen, sucht ihn in jedem Mann, der ihr als Sünder in die Arme sinkt, ist sie wie der Holländer zu einem ewigen friedlosen Dasein verdammt. Den Stadien des Sinnenrausches, der sie als eine Verführerin von höchster Schönheit in die Dienste Klingsors zwingt, folgen Zustände der tiefsten Zerknirschung, in der sie als zottelhaariges, häßliches Weib den Gralsrittern dient und wieder gut zu machen versucht, was sie dort mit verbrechen half; eine gespaltene Persönlichkeit, hin- und hertaumelnd zwischen Sünde und Reue, kennt auch sie nur den einen Wunsch: zu vergessen und zu sterben.

Wer aber soll die zerstörte Einheit einer sittlichen Weltordnung wieder herstellen, wer ist imstande, den geraubten Speer zum Gral zurückzubringen? Keiner von denen, die wissend in diese Gespaltenheit verstrickt sind. Ein neuer Mensch muß kommen, der den Konflikt, in dem alle befangen sind, im neuen, eigenen Erleben überwindet. Er ist den Gralsrittern verheißen in dem geheimnisvollen Spruch: „Durch Mitleid wissend, der reine Tor, harre sein, den ich erkor!"

Parsifals zwei Wanderungen zum Gral — die erste, unbewußte, und die mühsame, bewußte zweite — sind noch einmal ein Beweis für Wagners psychologische Gestaltungskraft und für seine umfassende Kenntnis innerseelischer Vorgänge. Dieser seelisch kompliziertteste und empfindsamste Wagnersche Held ist in der Natur, in einer Sphäre der Unschuld, geborgen in hätschelnder und bangender Mutterliebe aufgewachsen. Dies letztere unterscheidet seine Kindheit von der Siegfrieds und ganz zumal von der Tristans, der als Vollwaise in eine höfische Männerwelt verpflanzt wurde.

Um den Sohn vor dem Männerschicksal des im Kampf gefallenen Vaters zu bewahren, hat ihn Mutter Herzeleide in der Öde, fern vom Waffenlärm, „zum Toren" erzogen. Doch seiner Bestimmung konnte sie ihn damit nicht entziehen; den ersten „glänzenden Männern", die in ihrer Rüstung am Waldessaume vorbeiritten, lief er nach, vergaß die Mutter, verirrte sich, wanderte „bergauf, talab" und gelangte dorthin, wohin ihn seine unbewußte Sehnsucht trieb: in die väterliche Welt der

Gralsgemeinschaft. Dort wird ihm, der noch nicht um Gut und Böse weiß, der die vielen Kosenamen, die ihm die Mutter gab, vergessen hat, in drei aufeinanderfolgenden Ereignissen die Erkenntnis der Schuld zuteil:
Absichtslos, aus kindlicher Lust an der Tat, hat er bei seinem Eintritt ins Gralsgebiet einen Schwan (das mythologische Muttersymbol!) abgeschossen. Als ihn Gurnemanz zur Rechenschaft zieht und ihm seine Freveltat deutet („... das Schneegefieder dunkel befleckt, gebrochen das Aug': siehst du den Blick?"), schleudert Parsifal in jäher Betroffenheit Pfeil und Bogen von sich. Noch viel stärker trifft ihn die zweite Erkenntnis: Als Kundry berichtet, daß Herzeleide aus Gram über sein Entlaufen gestorben sei, stürzt er sich mit dem Aufschrei „Tot? Meine Mutter?" auf die Unglücksbotin und sucht sie zu erwürgen.
Die dritte Erschütterung wird dem Toren während des Liebesmahls im Gralstempel zuteil: die Verzweiflungsausbrüche, mit denen sich der sieche Amfortas gegen das Verlangen seines „im Grabe lebenden" Vaters wehrt, den lebensspendenden Gral zu enthüllen (Titurels Stimme ist gleichsam das quälende Gewissen des unwürdigen Gralskönigs!) wühlen sein Mitleid auf; bei den stärksten Klagerufen macht er „eine heftige Bewegung nach dem Herzen". Aber zu deuten vermag er dieses Erlebnis nicht. Als ihn Gurnemanz nach der Gralsfeier fragt: „Weißt du, was du sahst?", faßt er sich nochmals krampfhaft ans Herz und schüttelt den Kopf. Als ein offensichtlich Unwürdiger — „Du bist doch eben nur ein Tor!" — wird er aus dem Tempel gescholten.
Um zu verstehen, was er in der Gralsfeier geschaut hat, muß Parsifal die „Qual der Liebe" unmittelbar an sich selber erfahren. Verstoßen aus dem (väterlichen) Gralsbezirk, der Welt des durch die Sinne verwundeten Geistes, taucht er beim Eintritt in Klingsors Zaubergarten wieder ein in den mütterlichen Bezirk, der sich nun als eine durch den Geist versehrte und von Klingsor dämonisierte Sinnenwelt darstellt. Dem Kind, das er noch ist, erscheinen Klingsors Untertaninnen als etwas ihm seit eh und je Vertrautes: als unschuldige Blumen. Er möchte mit ihnen

spielen. Aber als sie ihn begehrend umdrängen, weicht er scheu und betroffen zurück: „Laßt ab! Ihr fangt mich nicht!" Da bannt ihn der Ruf der Kundry „Parsifal, weile!" an die Stelle. Längst Vergessenes nimmt ihn jäh wieder gefangen: „Parsifal...? So nannte träumend mich einst die Mutter."
Verloren in die Erinnerung an ferne Kindheitstage lauscht er der Erzählung der Kundry, die ihn hier selber mütterlich umfängt, indem sie von der Mutter Herzeleide berichtet, von ihrer sorgenden Liebe, ihrer kosenden Zärtlichkeit und ihrem gramvollen Tod. Noch einmal wird Parsifal vom Schmerz über den von ihm verschuldeten Tod Herzeleides überwältigt. In seiner Verzweiflung verlangt es ihn danach, das Netz der „dumpfen Torheit" zu zerreißen. Da verheißt ihm Kundry Erkenntnis und Verwandlung, indem sie ihm „als Muttersegens letzten Gruß der Liebe ersten Kuß" darbietet.
Dies ist der Augenblick der Wende, in dem Kindheit und Torheit versinken. Das jähe Erwachen seiner Sinnennatur läßt Parsifal aber auch schlagartig begreifen, was er geschaut und nicht verstanden hat: die zerstörerische Dämonie des Sündenfalls. So übermächtig trifft ihn die Erkenntnis, daß er die Wunde des Amfortas in seiner eigenen Seite brennen fühlt. Und aus dieser Qual erwächst ihm die Bewußtwerdung seiner Berufung: er stößt die Verführerin von sich und löst sich damit aus dem Verfallensein an die Sinne, das wie ein Riß durch die Welt geht. Parsifals Verhalten gegenüber der zwischen staunender Bewunderung, Verlangen, Verzweiflung und flehentlichem Mitleidsbegehren hin- und hergeschüttelten Kundry ist von der Grausamkeit, die dem Asketischen eignet. Wenn er am Schluß der Szene den von Klingsor nach ihm geschleuderten Speer, der ihn nicht mehr verwunden kann, schwingt, um im Zeichen des Kreuzes die sinnliche Natur zu verdammen („In Trauer und Trümmer stürze die trügende Pracht!"), stößt er gleichsam die Mutter zum zweiten Male von sich. Und ihre Klage wird nun, gesteigert, zu dem Fluch, den Kundry dem nunmehr wissenden Gralssucher nachsendet und der ihn in die Irre geleitet.
Indes: Klingsors Macht wurde gebrochen, da einer dem schein-

bar unabdingbaren Gesetz widerstand, auf dem sie gegründet war. Und wie ein Aufatmen geht es durch die von seinem dämonischen Zwang erlöste Natur. Als Gurnemanz an einem Karfreitagmorgen die im Todesschlaf erstarrte Kundry findet und ins Leben zurückruft (ein neuer Frühling, eine neue Wiederkunft der Friedlosen, ein neuer Schrei des Entsetzens, mit dem sie ins Bewußtsein zurückkehrt!), findet er sie verändert und entkrampft: „Wie anders schreitet sie als sonst! Wirkte dies der heilige Tag?"
An diesem Gnadenmorgen geht auch Parsifals Irrfahrt zu Ende: der seelische Kampf, den diese Irrfahrt bedeutet, ist ausgetragen; Parsifal ist am Ziel. Doch dieses Ziel ist nicht nur räumlich, als Wiedereintritt ins Gralsgebiet, zu verstehen; es ist auch der Endpunkt einer Entwicklung zur Reife, zu einem neuen Gralskönigtum: Als der Tor Parsifal (im ersten Akt) ins Gralsgebiet gelangte, mußte er vom Tod seiner Mutter erfahren; den gereiften Helden trifft nun bei seiner Rückkehr die Nachricht vom Tode Titurels. Seine Reaktion ist die gleiche wie im ersten Akt: eine heftige Erschütterung, ein Schuldgefühl, das bis zur Ohnmacht führt. Aber mit dem Tode Herzeleides und Titurels ist auch der absolutistische Anspruch des mütterlichen und des väterlichen Prinzips, zwischen denen seine seelische Irrfahrt hin- und herging, aufgehoben, ist ihm die Freiheit zur endlichen Aussöhnung dieser beiden Gegensätze gegeben.
Die Szene der Blumenaue offenbart dies als wundervolles Gleichnis: am Schluß des zweiten Aktes hat sich Parsifal mit seinem Gebot „In Trauer und Trümmer stürze die trügende Pracht!" von der sinnlich belebten Natur losgesagt. Die asketische Dürre, die er befahl, aber zog in seine eigene Seele; das geschlossene Visier, mit dem er im dritten Akt auftritt, ist Sinnbild dafür. Als er jetzt den Helm (gleichsam die Scheuklappen seiner Askese!) vom Kopf zieht, erblickt er eine frisch erblühte Flur, die, so wie es ihm durch Gurnemanz gedeutet wird, im Zeichen einer durch das Karfreitagsopfer Christi neugewonnenen Unschuld steht. Und nun erfährt er, der verschmachtend am Ende seiner Kräfte ist, die belebende Kraft

des neuen Frühlings an sich selber: das Wasser aus dem heiligen Lebensquell netzt ihm Zunge und Füße; in der gleichnishaften Fußwaschung und Königssalbung vermischen sich christliche und heidnische Symbolhandlungen. Erquickt schickt sich der neue Gralskönig an, „sein erstes Amt" zu verrichten: er gibt Kundry die Taufe, zieht sie zu sich empor und küßt sie sanft auf die Stirn.

Mit Kundry geleitet Parsifal das von der Gralsritterschaft verfemte Weib in den Gralstempel. Die Berührung mit dem Speer, der sie schlug, schließt die Wunde des Amfortas. Als neuer König hebt Parsifal den erglühenden Gral aus dem Schrein. Die ideale Einheit von Speer und Schale ist zurückgewonnen, die Versöhnung zwischen der weiblichen Sinnennatur und dem männlich-asketischen Geist vollzogen.

Der Charakter aller Wagnerschen Werke, vom „Holländer" bis zu den „Meistersingern", ist — so sehr sie sich auch stilistisch voneinander unterscheiden — dynamisch-dramatisch; der des „Parsifal" hingegen ausgesprochen statisch-episch. Schon in der Dichtung zeigt sich ein auffallender Hang zu einem Verkapseln der Aussage in orakelhafte Spruchformeln („Durch Mitleid wissend, der reine Tor...", oder: „Ich schreite kaum, doch wähn' ich mich schon weit! — Du siehst, mein Sohn, zum Raum wird hier die Zeit" u. v. a.). Noch merkwürdiger ist es, wie der sonst so redselige Dichter in diesem seinem letzten Werk zur Aussparung, ja zum Verstummen neigt: obwohl beispielsweise Kundry im dritten Akt dauernd an der Aktion beteiligt ist, hat sie nur zwei Worte Text zu singen: „Dienen — dienen."

So wie in der Dichtung die Spruchformel und die archetypische Symbolhandlung an die Stelle weitschweifiger Aussage tritt, wird aber auch in der Musik das Leitmotiv durch stehende Formeln, durch geschlossen in sich ruhende Sinnbilder abgelöst. Schon der Vergleich etwa des Tristan-Vorspiels mit dem zu „Parsifal" macht dies deutlich genug: dort ein ungeheueres Werden und Wachsen, hier ein statisches Verharren, eine Aneinanderreihung fertiger Gebilde, die nach keiner Evolution verlangen.

Was, am Anfang des Tristan- und des Meistersinger-Vorspiels stehend, von uns als Knospenthema bezeichnet wurde, ist im „Parsifal" bereits eine dieser stehenden Formeln: der Liebesmahlspruch, so genannt, weil er in der ersten Tempel-Szene die Worte der christlichen Abendmahlsfeier „Nehmet hin meinen Leib" und „Nehmet hin mein Blut" trägt, ist das tönende Sinnbild der Gralsgemeinschaft:

Diese Formel ist dreiteilig: der erste Teil, aufschwebende Dreiklangsmelodik, wird zum Inbegriff eines frommen Heilsstrebens. Strukturverwandt mit ihm ist das im Vorspiel später als zweites Thema erklingende Grals-Motiv (keine Erfindung Wagners, sondern das von ihm verwendete „Amen" der Dresdner Kreuzkirche, das auch in Mendelssohns Reformations-Symphonie vorkommt!):

Der Mittelteil des Liebesmahl-Themas wird mit seiner schneidend scharfen Sekunde zur Schmerzens-Figur, gleichsam zu dem schmerzlichen Bruch, an dem die Gralsgemeinschaft leidet:

Diese Schmerzens-Figur erfährt im letzten Teil des Vorspiels eine eigene Durchführung, ebenso in der Klage des Amfortas („Des Weihgefäßes göttlicher Gehalt erglüht...",) die dann in Parsifals visionärem Erinnern im zweiten Akt („Das heil'ge Blut erglüht...") wiederkehrt.
Der dritte Teil des Liebesmahl-Themas aber stellt die musikalischen Symbole für Speer und Schale, Tatkraft und Liebe nebeneinander (Speer: aufsteigende Diatonik, Schale = mitleidende Liebe: ein kleiner, fallender und wieder aufsteigender Bogen):

Die zweite Formel, die das Vorspiel nach Liebesmahlspruch und Grals-Motiv aufstellt, ist das Glaubens-Thema („Der Glaube lebt, die Taube schwebt..."):

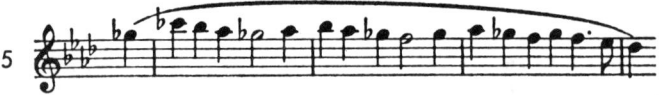

Dieses Glaubens-Thema hat mehrere Varianten, die, bereits in der ersten Szene des ersten Aktes nebeneinandergestellt, sinnbildhaft den Verfall des Gralskönigstums schildern: Zunächst ertönt zum stummen Gebet des Gurnemanz noch einmal das Glaubens-Thema in seiner ursprünglichen Gestalt (Beispiel 5). Dann folgt zu seinen Worten: „Jetzt auf, ihr Knaben! Seht nach dem Bad!" die erste Variante, nämlich das Thema Titurels, das Thema der heilen, kämpferischen Gralsdynastie:

Ohne Übergang schließt sich daran (Gurnemanz: „Zeit ist's, des Königs dort zu harren") das Motiv des siechen Amfortas, Sinnbild des im Verfall begriffenen Gralskönigstums an. Dieses

Motiv ist freilich kaum mehr als Variante des Glaubens-Themas zu erkennen:

Man beachte, wie darin wiederum der übermäßige Dreiklang als Akkord des Chaotischen in Erscheinung tritt! (Vergl. „Meistersinger", Beispiel 34 und Mimes Angstvisionen im ersten „Siegfried"-Akt!)
Aber auch diesem Motiv des Amfortas folgt sofort eine weitere Variante, die als Sinnbild der Natur, der „Waldesmorgenpracht", stehen bleibt:

Diese auffällige Verwandtschaft von Amfortas- und Waldesmorgenpracht-Motiv erschließt eines der tiefsten Geheimnisse des Werks: Amfortas sucht Heilung in der Natur, die in der folgenden Szene, während des kurzen Gezänks zwischen Kundry und den Knappen, als unheilig, böse, sündig gedeutet wird, — in der Natur also, die ihm in ihrer Erscheinungsform als Sinnlichkeit die Wunde schlug! Die Balsamklänge des Natur-Motivs sind im Amfortas-Motiv dämonisiert!

Ein weiteres großes Sinnbild wird beim Auftritt der Kundry hingestellt. Die Sequenzfolgen ihrer aneinandergereihten Ritt-Motive —

— offenbaren sich tieferer Einsicht als quasi Varianten des Grals-Motivs (krampfhaft verzerrt: Kundry als Gralsbotin,

Gralssucherin). Sie schieben sich in akkordisch drangvoller Enge nach oben, aber als der Höhepunkt erreicht wird („Da schwingt sich die Wilde herab!"), erfolgt aus einem dissonanzscharfen Fünfklang ein Absturz durch drei Oktaven (Fluch-Motiv!):

Kundrys Heilsstreben, das immer wieder mit einem Absturz in die Sinnlichkeit mündet, ist damit vollkommen im musikalischen Bild fixiert. Diesem riesigen, bogenförmigen Sinnbild der Kundry-Natur und des Kundry-Schicksals entspricht im weiteren eine kleine Formel, die in ihrem qualvollen Auf und Ab die gleiche Bedeutung hat. Sie erklingt zum ersten Male, als Gurnemanz berichtet, wie Titurel einst die im Waldgestrüpp schlafende Kundry aufgefunden hat:

Und diese Formel wiederum entspricht dem Thema des Klingsor, in dem der bogenförmige Fluch mit einem kräftigen Quartanschwung den Ausdruck eines dämonisch-bösen Willens bekommt:

Die nächste bedeutsame Formel ist der Torenspruch („Durch Mitleid wissend, der reine Tor..."), der bereits in der ersten Szene mehrmals angeklungen ist, in seiner Vollständigkeit aber erstmals am Ende der Gurnemanz-Erzählungen erscheint:

Auch er hält ein Schicksal im musikalischen Sinnbild fest: ein langsames melodisches Aufsteigen, das durch drei Quintfälle zu einem mühsamen Weg wird.

Diesem Torenspruch folgt im Gang der Handlung unmittelbar der Auftritt Parsifals, dessen Wesen und Charakter durch eine neue große Formel Ausdruck findet:

Dieses Thema ist wiederum dreiteilig. Das Kopfmotiv schildert gleichsam den frischen Naturburschen, der hier hereingestürmt kommt. Die Motivik des mittleren Teils, die wenig später die Schilderung von Parsifals Knabentaten bestreitet („Gewiß, im Fluge treff' ich, was fliegt!"), aber schlägt alsbald eine bedeutsame Brücke hinüber zu der strukturgleichen Ritt-Motivik der Kundry (Beispiel 9). Wiederum erschließt hier die Musik ein Geheimnis der Innenhandlung: bei Parsifals später folgender Schilderung, wie er der Mutter davonlief und durch „Wildnisse bergauf, talab" stürmte, wird die Knabentaten-Motivik der Kundry-Ritt-Motivik so stark angenähert, daß sie praktisch in eins verschmelzen. Man beachte, mit welch hingerissenem Eifer

Kundry dieser Erzählung folgt und wie sie, dieselbe kommentierend, an der Stelle: „Ja, Schächer und Riesen traf seine Kraft; den freislichen Knaben lernten sie fürchten!", sogar „in wilder Freude aufjauchzt"! Die Gralssucherin identifiziert sich hier völlig mit dem Gralssucher!
Der dritte Teil des Parsifal-Themas aber ist im knappen Rahmen dieser Formel das Sinnbild von Parsifals Leidensfähigkeit. Stark vergrößert und chromatisiert wird dieses winzige Anhängselmotiv, das im übrigen dem Motiv der Schale im Liebesmahlspruch entspricht (Beispiel 4), zum Ausdruck von Parsifals mitleidender Erschütterung, als ihm Gurnemanz den toten Schwan weist („Er war uns hold; was ist er nun dir?", ferner „Wirst deiner Sündentat du inne?"):

15

Das Charakteristische an diesem chromatischen Mitleids-Motiv ist die Bogenbewegung, in der die sinkende Linie aufgefangen wird. Diesem Bogen sind wir bereits bei dem soeben erwähnten Beispiel 4 (Schale = Liebe) begegnet. Er findet sich auch in der aus der gleichen Struktur entwickelten Chromatik der Heilandsklage, die in der Verwandlungsmusik des ersten Aktes und dann in der Klage des Amfortas erklingt:

16

Er fehlt hingegen bezeichnenderweise in den chromatischen Akkorden von Kundrys Todessehnsucht (insbes. 2. Akt, erste Szene). Hier ist das leidvolle Abwärtsgleiten ebenso haltlos wie der chaotische Abwärtssturz des Amfortas- und des Kundry-Fluch-Motivs.
Dem chromatischen Bereich gehört auch das wunderschöne Klangbild der Mutter Herzeleide an, das zum ersten Mal er-

tönt, als sich Parsifal erinnert: „Ich hab' eine Mutter; Herzeleide sie heißt":

17

Zusammen mit dem Torenspruch beherrscht dieses Herzeleide-Thema die große Verführungs-Szene des zweiten Aktes. Die Melodie von Kundrys an ein Wiegenlied gemahnender Herzeleide-Erzählung („Ich sah das Kind an seiner Mutter Brust, sein erstes Lallen lacht mir noch im Ohr") ist eine Variante von ihm:

18

Auch Parsifals verzweifelte Klage („Die Mutter, die Mutter konnt' ich vergessen") ist motivisch ein Bruchstück dieses Themas:

19

Hier ist darauf hinzuweisen, daß dieses Klage-Motiv im dritten Akt, nämlich in der Verwandlungsmusik, die dieses letzte seelische Wegstück des einstigen Toren zum Gralskönig schildert, noch zweimal mit seiner ganzen schmerzlichen Intensität erinnernd wiedergekehrt.

Weder Formel noch Bild hingegen ist das Glocken-Motiv, das zu Beginn der ersten Verwandlungsmusik erscheint und auch die Einzugs-Chöre beherrscht und dessen Quartfälle dem Glaubens-Thema (Beispiel 5) entstammen:

20

In verwandelter Form, aber noch deutlich erkennbar, kehrt es im zweiten Akt wieder, als Kundry Parsifal um Mitleid anfleht

(„Laß mich an seinem Busen weinen, nur eine Stunde mich dir vereinen"). Es macht hier bewußt, wie Kundrys Liebes- und Heilsbegehren verworren einander durchdringen:

21

Weniger auffällig, aber deswegen keineswegs abzuleugnen, ist seine Verwandtschaft mit den Quintmotiven des dritten Aktes, die den Verfall der Gralsgemeinschaft (eben durch die intervallische Zerstörung des Glocken-Motivs!) zum Ausdruck bringen:

22

Entsprechende Veränderungen erfährt auch das kleine, chromatische Motiv der Blumenmädchenklage (Chromatik bedeutet Leid!). In lebhaft bewegten Sequenzen schildert es zu Beginn der Zaubergarten-Szene die Konfusion der durch den Kampflärm aufgescheuchten Buhlinnen („Mein Geliebter verwundet! — Wo find' ich den meinen? — Ich erwachte alleine!"):

23

Am Schluß des zweiten Aktes aber wird es zum Symbol der verdorrten Natur:

24

Und in gleicher Bedeutung erscheint es wieder zu Beginn des dritten Aktes, in dem diese verdorrte Natur zu neuem Blühen erwacht.

Kernstück der Blumenmädchen-Szene aber ist die Kosemelodie „Komm! Komm! Holder Knabe! Laß mich dir blühen!":

Auch diese Kosemelodie erschließt ein Geheimnis: einmal dadurch, daß sie mit ihren Sextgängen eine verwandtschaftliche Beziehung zu den Sexten des Grals-Motivs (Beispiel 2) aufweist, zum anderen aber noch mehr dadurch, daß sie selber in der Grals-Tonart As-dur steht. Dies ist gewiß kein Zufall: zwischen den Gralsrittern, die sich in unnatürlicher Askese „den Leib quälen und ertöten" und den Blumenmädchen, deren natürliche Sinnlichkeit durch Klingsor ins Dämonische verzerrt wurde, besteht eine geheimnisvolle Entsprechung!

Das wunderbare Geschehen der Entdämonisierung, der Entzerrung, Entkrampfung und Entsühnung findet im dritten Akt mannigfachen und beredten musikalischen Ausdruck. Zunächst einmal gibt das Vorspiel eine suggestive Schilderung von Parsifals Irrfahrt (die im übrigen einen Vergleich mit dem Vorspiel zum dritten „Tannhäuser"-Akt — „Tannhäusers Rom-Fahrt" — herausfordert): jedem melodischen bzw. intervallischen Auf folgt hier sofort wieder ein Ab, gleichsam als würde jeder Schritt nach vorwärts durch einen Schritt nach rückwärts zunichte gemacht. Nur mühsam bahnen sich Speer-Motiv (Beispiel 4) und Torenspruch (Beispiel 13) einen Weg durch diese chaotische Irre. Das Ziel wird hier jedoch noch nicht erreicht: als sich der Vorhang öffnet, erstirbt die Entwicklung in dem Motiv der verdorrten Blumen (Beispiel 24).

Die Verwandlung der nach schweren Verkrampfungen ihrer Entsühnung entgegenschlummernden Natur setzt ein, als Gurnemanz das Stöhnen der schlafenden Kundry vernimmt und erstmals vom „heiligsten Morgen heut" (Karfreitag!) spricht.

Die Schmerzens-Figur des Liebesmahlspruchs (Beispiel 3) erscheint hier in neuer, vom Ausdruck des schneidenden Schmerzes befreiter Gestalt:

26

Nach Kundrys Erweckung („Wie anders schreitet sie als sonst") erklingt wie eine Vorahnung des kommenden Heils eine Variante des Liebesmahlspruchs:

27

Und alsbald folgt, noch ganz verschleiert, zart und geheimnisvoll, die Antizipation der Blumenaue-Melodie:

28

Hörner, Trompeten und Posaunen intonieren bei Parsifals Auftritt das hier harmonisch verzerrte Kopfmotiv des Parsifal-Themas (Beispiel 14), das später, bei der Königssalbung („So ward es uns verhießen, so segne ich dein Haupt"), in H-dur wieder in seiner Ganzheit erstrahlen wird.

Am Ende von Parsifals Bericht („den nun ich heimgeleite... des Grales heil'gen Speer!") steigt zum ersten Male der Liebesmahlspruch in einer einzigen geraden, von keiner Schmerzens-Figur mehr gebrochenen Linie auf:

29

In dieser „erlösten" Form beherrscht er dann auch den Ausklang der Tempel-Szene, wo er die vom Chor gesungenen Schlußworte „Höchsten Heiles Wunder! Erlösung dem Erlöser!" trägt.

In der Szene der Blumenaue stellen sich ihm allerdings noch zwei bedeutsame Varianten zur Seite. Als erste die Formel des Taufspruchs („Gesegnet sei, du Reiner, durch das Reine"):

Und als zweite die herrliche Blumenaue-Melodie, die gleichsam die Versinnlichung des Liebesmahlspruchs darstellt

— und in deren blühender Melodik man sogar das Kopfmotiv des Parsifal-Themas (Beispiel 14) entdecken kann. Mit dieser schönen Melodie wird also auch musikalisch endlich die Brücke zwischen Natur und Geist geschlagen.

Ganz im Sinne dieser Befreiung und Entkrampfung steht auch die Wiederkehr des verwandelten Amfortas-Motivs in der Tempel-Szene, als Parsifal mit dem Ruf „Sei heil, entsündigt und gesühnt!" sein neues Amt antritt. Die Harmonisierung, die Auflösung des chaotischen übermäßigen Dreiklangs in ruhig fortschreitende Harmonien ist eine sprechende musikalische Sinndeutung des Leidens:

Der Ausklang des Werks wird zu einer Dreiklangsapotheose in Pianissimo. Leid und Chroma sind in diesen Klängen überwunden. Ein Reifewerk, das alle Gefühlsstürme, alle Leidenschaften, alle seelischen Gifte in sich aufgenommen hat, mündet in das spannungslose, reine Dreiklangsglück, aus dem es einst, im „Rheingold", aufgebrochen ist.

Literaturhinweise

Die Programmhefte der Bayreuther Festspiele 1951 - 80 insbesondere:

Hans Grunsky: „Parsifal im Lichte der Tiefenpsychologie (1951)
„Vom Sinngehalt des Tristandramas" (1952)

Wieland Wagner: „Das Parsifalkreuz", ein psychologisches Schema (1952)

Alfred Lorenz: „Das Geheimnis der Form bei Richard Wagner" I-IV (1924, 1926, 1930, 1933)

Thomas Mann: „Leiden und Größe Richard Wagners" (aus „Adel des Geistes", S. Fischer Verlag)

Walter Engelsmann: „Wagners klingendes Universum" (1933)
„Elsa, die Seele der Lohengrin-Musik" (Festspielführer 1936)

Bayreuther Dramaturgie, der Ring des Nibelungen, Herausgeber: Herbert Barth, Belser Verlag (1980), mit Beiträgen von Patrice Chérau und Pierre Boulez u. a.

Cosima Wagner: Die Tagebücher, 2 Bände, Piper Verlag.